新潮文庫

工学部ヒラノ教授のアメリカ武者修行

今野　浩著

新潮社版

10379

はしがき

半世紀にわたって、オペレーションズ・リサーチ（ＯＲ）の研究者として過ごしてきた〝工学部ヒラノ教授〟は、中央大学を定年退職したのを機に、理工系大学とそこに住むエンジニア集団を紹介する〝工学部の語り部〟に転身した。

企業や個人の意思決定問題を扱うＯＲは、（応用）数学、統計学、経済学、計算機科学、経営科学など、多くの分野にまたがる複合領域である。このためヒラノ教授は、様々な分野の研究者とお付き合いする機会に恵まれた。

学生時代には（応用）物理学者や統計学者と、電力中央研究所時代には原子力工学者と、スタンフォード大学では統計学者や経済学者と、ウィスコンシン大学では数学者と、筑波《つくば》大学では数学者や計算機科学者と、パデュー大学ではビジネス科学の専門家と、そして東京工業大学では、人文・社会科学の専門家と同僚になった。

若いころは、ＯＲの中核に位置する〝数理計画法〟を研究していたヒラノ教授は、40代半ばになって急浮上した〝金融工学〟に参入し、わが国の金融ビジネスが欧米資本と対等に戦う上で必要とされる研究を行った。

保守本流エンジニアが、長い間無視（もしくは忌避）してきた金融の世界に参戦したのは、それまでの金融専門家（経済学者、経営学者、法学者）だけでは対応不可能な問題が発生したためである。エンジニアの批判と冷たい視線を浴びながらもこの問題に取り組む気になったのは、若いころ経済学者や経営学者コミュニティで過ごす体験があったおかげである。

この本は、ヒラノ教授が40歳の大台を前にして、アメリカ中西部にあるパデュー大学のビジネス・スクールで、客員准《じゅん》教授として過ごした体験をもとにして書いたものである。

20世紀初めにアメリカで誕生し、全世界に普及したビジネス・スクールを扱った本は沢山ある。それを承知の上で、ビジネス・スクール体験について書く気になったのは、エンジニアの立場からビジネス・スクールを論じた本はほとんどないからである。ビジネス・スクールは、アメリカ社会に君臨する極めてアメリカ的なビジネス・モデルである。アメリカの象徴と言ってもいいくらいである。読者はこの本を読むことによって、〝工学部ヒラノ教授の眼〟を通してアメリカの大学とビジネス・スクールの実態を知ることができるだろう。

工学部ヒラノ教授のアメリカ武者修行◆目次

関連アメリカ地図

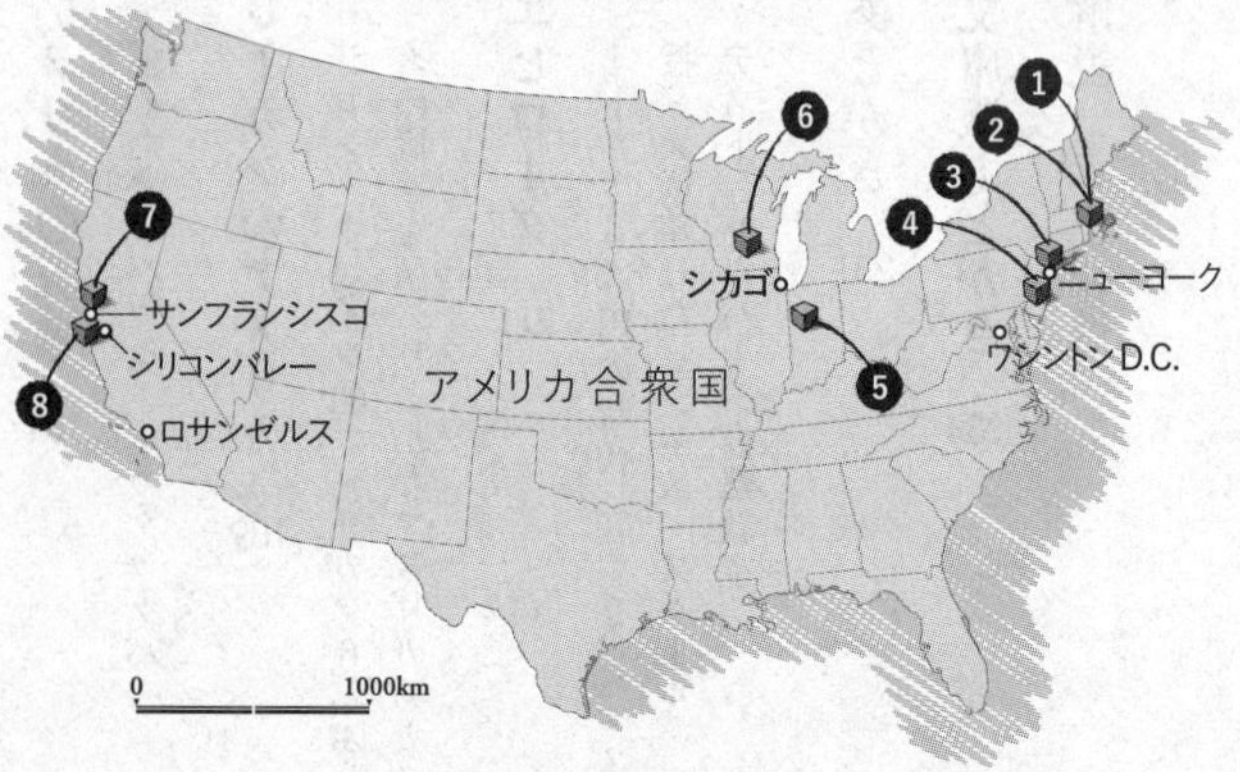

❶マサチューセッツ工科大学＝MIT
［マサチューセッツ州ケンブリッジ市］

❷ハーバード大学
［マサチューセッツ州ケンブリッジ市］

❸コロンビア大学
［ニューヨーク州ニューヨーク市］

❹プリンストン大学
［ニュージャージー州プリンストン市］

❺パデュー大学
［インディアナ州ウェスト・ラファイエット市］

❻ウィスコンシン大学マディソン校
［ウィスコンシン州マディソン市］

❼カリフォルニア大学バークレー校
［カリフォルニア州バークレー市］

❽スタンフォード大学
［カリフォルニア州スタンフォード］

地図　網谷貴博（アトリエ・プラン）

工学部ヒラノ教授のアメリカ武者修行

1　ヒラノ青年とアメリカ

50％アメリカ人・50％日本人

ヒラノ少年は、小学校に入るころから、映画狂の父に連れられ、月に2回ほどアメリカ映画を見に行っていた。

メロドラマやミステリーは、字幕が読めないので半分寝ていた。その一方で、『駅馬車』『荒野の決闘』などの西部劇、『コルシカの兄弟』『海賊ブラッド』などの活劇、『珍道中シリーズ』『凸凹シリーズ』などのドタバタ劇、そして『イースター・パレード』『錨《いかり》を上げて』などのミュージカルは、少年のハートを鷲掴《わしづか》みにした。

身長が伸びてタダ入りできなくなってからは、連れて行ってもらえなくなったので、学校帰りに映画館の前で、ゲーリー・クーパーやエロール・フリンのポスターを眺めながら、あれこれ想像をめぐらせた。

中学に入ってからは、ウィークデーは小説を読んで暮らし、ウィークエンドには2本立て、3本立ての洋画を見た。年に100本以上、3年間で400本近い洋画を見たはずだ。

西部劇、スリラー、ギャング映画、ミュージカルで、ハリウッドは世界を席捲《せっけん》した。かつてはフランス映画が得意とした恋愛ドラマも、美男美女ぞろいのハリウッド映画に王座を譲った。

そこに描かれたのは、〝アメリカ人の、アメリカ人による、アメリカ人のための物語〟だった。アメリカ人の物語を、何の疑問もなく受け入れたヒラノ少年は、50％アメリカ人・50％日本人になった。

高校に入ってからは、部活や受験勉強に追われたため、映画を封印した。その代わり勉強している間も、アメリカのロックやポピュラー音楽を聞いていた。

大学に入ってからも、少年期に刷り込まれたアメリカのイメージは生き続けた。60年安保のときは左翼の友人に誘われ、〝安保反対　岸を倒せ〟というプラカードを掲げて、国会を取り巻いたこともある。しかし、樺美智子《かんばみちこ》さんが警官隊との衝突で命を落としてから、あっさり手を引いた。

「アメリカに追いつく、という大事な任務を背負った君たちは、デモごときで時間を無駄にすべきではない」という、〝反動〟教授の言葉を盾にして。

〝スプートニク・ショック〟後の理工系ブームに後押しされ、エンジニアとしての才能がないにも拘《かか》わらず、工学部に進んだヒラノ青年は、ピカピカの秀才たちに囲まれ自信喪失した。

土木・機械・電気・応用化学など、工学部の〝主流〟学科を避けて、〝その他もろもろ学科〟とよばれていた、「応用物理学科」の「数理工学コース」に潜り込んだ青年は、アメリカ帰りの森口繁一《しげいち》教授から、アメリカ直輸入のオペレーションズ・リサーチ（OR）と計算機プログラミングの手ほどきを受けた。

企業に入って、上から与えられる仕事を要領よくこなしていける自信がなかったため、研究者を目指して修士課程に入れてもらったものの、目標が定まらないまま、アメリカ人が書いた専門書や論文を〝漫然と〟読んで2年を過ごした。ひとまず基準を満たす修士論文を書いたが、博士課程への切符を手にすることはできなかった。

80％アメリカ人・20％日本人

修士課程を出て、「電力中央研究所」という民間のシンクタンクに就職したヒラノ青年が配属されたのは、「原子力発電研究室」だった。原子力発電は、物理・化学・機械・電気のすべてにまたがる、元祖・総合工学である。

電気も機械も苦手な男がこの分野の研究者になっても、絶対に一流にはなれない。途方に暮れた青年は、原子力を勉強するふりをしながら、ORや計算数学の本を読んで過ごした。

ここに降ってきたのが、アメリカ留学のチャンスである。折からの高度成長の波に乗って、資金的に余裕ができた研究所で、海外留学制度が新設されたのである。

学生時代から憧《あこが》れていたMIT（マサチューセッツ工科大学）と、カリフォルニア大学バークレー校からは肘鉄《ひじてつ》を食らったが、スタンフォード大学のオペレーションズ・リサーチ（OR）学科から合格通知が届いた。

この時は、名門私立大学と国立大学1期校で不合格になり、滑り止めで受けた田舎の私立大学に合格したようなものだと思ったが、今となっては、留学するならスタンフォード大学以上のところはなかったと断言する。

一度でも晴れた日にスタンフォードを訪れたことがある人は、この言葉が誇張ではないことを知るだろう。そしてスタンフォードに1ヶ月滞在した人は、ヒラノ青年に100％同意するに違いない。

スタンフォード大学は、アメリカの優れたものを寄せ集めたパラダイスだった。60キロ北のサンフランシスコでは、毎年300人が拳銃《けんじゅう》で生命を落としていることは知っていたし、パロアルトの街外れを走るフリーウェイの向こう側に広がる黒人居住区の悲惨さや、学生が次々と徴兵されて、ベトナムに送られていることも知っていた。しかしヒラノ青年は、それらとは関係なく、アメリカの良さだけをエンジョイすることが出来たのである。

第2次世界大戦が終わるまでは、鉄道経営で巨万の富を築いたリーランド・スタンフォードが、カネに飽かせて作った〝田舎のブルジョア大学〟と呼ばれていたこの大学は、新たな発展に向けて助走を始めたところだった。

世界中から呼び集めた優秀な教授陣。東海岸のコーネル大学、中西部のウィスコンシン大学と並んで、アメリカ全土で最も美しいと言われるキャンパス。完備した施設。そして1年中初夏を思わせる快適な気候に惹《ひ》かれて、世界のトップクラスの大学を、トップの成績で卒業した学生たちが集まってきた。

彼らの間では、スタンフォードは〝ユダヤ人社会〟だと言われていた。なんと、教授の6割がユダヤ人だと言うのである。アメリカ全体でわずか530万人、すなわち総人口の2%に満たないユダヤ人が6割を占めるというのは、驚くべきことである。

数理工学コースの学生だった時代に、ヒラノ青年は多くのユダヤ人学者の名前に接した。インターネットでJINFO. ORGというサイトを検索すると、ノーベル経済学賞受賞者の41％、物理学賞受賞者の26％がユダヤ人だと記されているが、OR、統計学、計算機科学など、数理科学の世界でも、ユダヤ人勢力が圧倒的な力を持っていた。

たとえば、ORのノーベル賞と言われるフォン・ノイマン賞の場合、受賞者の40％以上（最初の20年間は65％）がユダヤ人である。アメリカの金融業界、エンターテインメント業界（映画、音楽など）と並んで、学界やジャーナリズムにおけるユダヤ人勢力は突出している。

ユダヤ人とは、公式には〝ユダヤ人を（母）親に持つ人〟のことをさすが、それでは誰がユダヤ人なのかはどうすれば分かるのだろうか。

下宿先のおばさんから教えてもらったところによれば、ファミリー・ネームに、baum、berg、gold、man、sky、stein、wolfなどがつく人、Abraham、Benjamin、Deborah、Jacob、Matthew、Samuel、Simon、Sarah、Solomonというファーストネームを持つ人にはユダヤ人が多いということだ。

MITとバークレーに振られたヒラノ青年が、全米ナンバーワンのOR学科に入れてもらうことが出来たのは、アメリカ留学時代に、ユダヤ人統計学者集団の間で、

〝日本にモリグーティあり〟と瞠目《どうもく》された、森口繁一教授の推薦状があったおかげである。

森口教授の知己であるジョージ・ダンツィク教授、ジェラルド・リーバーマン教授をはじめとする、OR学科の10人の教授のうち、8人はユダヤ人だった。ユダヤ人グループに送り込まれたヒラノ青年は、森口教授の顔をつぶしてはならないと考え、1日14時間の猛勉強に明け暮れた。その甲斐《かい》あって、〝線形計画法の父〟と呼ばれるジョージ・ダンツィク教授の指導のもとで、13人の同期生（その半数はユダヤ人）の誰よりも早くPh.D.（博士号）を取った。

この後ヒラノ青年は、1ダースを超える全米の一流大学を訪れ、ダンツィク教授の盟友と高弟たち（そのほとんどはユダヤ人）の知遇を得た。こうしてヒラノ青年は森口教授同様、〝準ユダヤ人会員証〟を手に入れたのである。

スタンフォードに到着したときには、50％アメリカ人・50％日本人だった〝疑似アメリカ〟人は、ユダヤ人教授陣に優遇されながら3年を過ごす間に、80％アメリカ人・20％日本人に変身した。

3年以上の時間をかけてPh.D.を手に入れた日本人（その多くは経済学者）は、日本に凱旋《がいせん》するころには100％アメリカ人になっている。中には、200％アメリカ人・マイナス100%日本人になった人もいる。

ひとたび100%アメリカ人になった人は、二度と日本人に戻ることはない。〝アメリカは、個人の才能を最大限に評価する素晴らしい社会だ。それに比べると、日本は優秀な人を適正に処遇しないおくれた社会だ〟と考えるようになるのである。

これらの人たちは、一般社会から隔絶した〝大学〟という聖域に居を構え、100%アメリカ人のまま一生を過ごすことになる。そして機会あるごとに、日本がいかにおくれた国であるかを発信して、世論を（ミス）リードするのである。

勝ち組として3年を過ごして日本に戻ったヒラノ青年は、逆カルチャー・ショックを受けた。そこには、アメリカとまったく違う濃く温かい人間関係、100%アメリカ人に言わせれば〝ぬるま湯〟があった。

競争社会に疲れた男にとって、これはとても心地よい環境だった。ところが、ぬるま湯をぬるま湯と感じなくなった1年後、ヒラノ青年は中西部ウィスコンシン州の州都（と言っても人口17万余りの小都市）マディソンにある、ウィスコンシン大学の「数学研究センター」に客員助教授として招かれた。

敗《ま》け組のアメリカ

久しぶりに熱めの風呂《ふろ》に入ることになると思って出かけたウィスコンシンは、とんでもないところだった。外は零下30度、研究所の中は零下40度の寒風が吹きすさんでいた。

1年の間に、2編以上の論文を書くことを期待されたにもかかわらず、1編の〝つまらない論文〟しか書けなかったヒラノ青年は、プロの研究者としての競争で敗者になった。そして、アメリカは〝勝者の楽園・敗者の地獄〟であることを知ったのである。

学生として勝者になるのは、さほど難しくない。一流大学といえども、学生のすべてが天才ではないから、あるレベル以上の素質がある人――具体的に言えば、日本の一流大学に合格するくらいの人――なら、1日に14時間勉強すれば、まず敗者になることはない。しかも、お金が無い留学生には勉強以外にやることがないから、毎日14時間くらいは勉強できるのである。

ところが、プロたちの闘いは全く違う。一流大学の助教授ポストを得た新卒 Ph.D. は、3年間に5編ないし6編の論文を書かないとクビである。クビになった人は、ランクが低い大学に移籍するか、産業界に転身する。

一方、3年で6編以上の論文を書いた人は、3年の契約延長を手にする。ところが、この期間に更に6編以上書かなければクビである。

学生時代の競争が、知識〝獲得〟競争だとすれば、プロの世界は知識〝生産〟競争である。知識獲得プロセスと知識生産プロセスの間には、〝死の谷〟が横たわっている。

研究者には波がある。病気になることもあるし、人間関係で悩むこともある。若者が6年間にわたって、毎年2編以上の論文を発表し続けるのは、想像以上に難しいことなのである。

能力がない人は3年ないし6年で脱落し、ティーチング・マシーンに転がり落ちる。そして数年後には、かつてのライバルたちから忘れ去られ、〝透明人間〟になる。アメリカでは敗者復活が可能だということになっているが、それはビジネスの世界の話であって、アカデミックな世界では絶対にありえない。

このような競争を勝ち抜いた人たちは、〝勝者の中の勝者〟である。スタンフォードの教授たちは、このような人の集まりだった。

アメリカでの研究競争を勝ち抜くには、才能と努力だけでなく、ノウハウも必要である。

スタンフォード時代の2年先輩に、トーマス（トム）・マグナンティという大秀才がいた。この人の能力からすれば、3年未満で博士号を取ることが出来たはずだが、なぜかなかなか論文を書こうとしなかった。その理由を尋ねたヒラノ青年に向かって、トムは言った。

「急いでPh.D.を取って、一流大学の助教授ポストを手に入れても、毎年2編以上の論文を書かなければ解雇される。そのようなことになるより、学生のうちに論文の種を沢山仕込んで、墜落リスクを減らす方が賢明だ。この大学には、世界中から最新情報が集まってくるから、種がたくさん見つかる」と。

22歳で博士課程に入学したトムは、この時まだ25歳だったから、急いで卒業する必要はなかったのである。トムはその2年後にPh.D.を取り、MITの助教授ポストを手に入れた。

離陸後の〝魔の3年〟を乗り越えて順調に飛行を続けたトムは、5年目には准《じゅん》教授に昇進してテニュア（終身教授権）を獲得し、40歳になる前にスローン・マネージメント・スクール（ビジネス・スクール）の学部長、40代半ばにはアメリカOR学会の会長になっている。

この抜け目のない好青年は、アメリカで偉くなるための、(日本人が知らない)ノウハウを知っていたのである。

アメリカでの知識生産競争に勝ち残るための能力とノウハウがなかったヒラノ青年は、尾羽打ち枯らして日本に逃げ帰った。〝ここは日本で実績を積み、機会を見つけて再チャレンジするしかない――〟。

ウィスコンシンから帰った時、ヒラノ青年はスタンフォードに留学する前の、〝50%アメリカ人・50%日本人〟に戻っていた。

60%日本人・30%アメリカ人・10%ヨーロッパ人

1974年、〝国際A級大学〟になるはずの筑波大学・計算機科学科に、助教授として採用されたヒラノ青年は、その直後に、ウィーンに新設された「国際応用システム分析研究所(IIASA)」に派遣された。

50%アメリカ人・50%日本人は、〝これからはアメリカと日本の時代だ。没落するヨーロッパから学ぶべきものはほとんどない〟と考えていた。

ところが、「ラクセンブルク城」の中にある研究所で昼を過ごし、夜は「ウィーン国立歌劇場」で日替わりのオペラを楽しんだあと、日本から運んで行った『世界の歴史』（中央公論社）全16巻を読んだヒラノ助教授は、ヨーロッパの文化と歴史に圧倒された。

『世界の歴史』の半分以上を占めるのは、ヨーロッパの歴史だった。子供時代以来親しんできた、世界の名作やクラシック音楽の大半はヨーロッパ産である。科学や哲学の源流も、すべてヨーロッパである。疑似アメリカ人は、このような当たり前のことすら忘れていたのである。

200年の歴史しかないアメリカと、2000年の歴史を誇るヨーロッパ。アメリカと違って、ゆったりした時間が流れるオーストリアは、競争社会アメリカで敗者になったヒラノ助教授に、アメリカ一辺倒だった自分を振り返る機会を与えてくれた。「国際応用システム分析研究所」には、東西16ヶ国から80人ほどの研究者が派遣されていたが、ヨーロッパ文化の中のアメリカ式研究所は、まことに異質な空間だった。かくしてヒラノ助教授は、〝アメリカだけでなく、ヨーロッパも知る必要がある〟と考えるようになったのである。

ウィスコンシンで過ごした1年の間に、50％日本人に戻ったヒラノ青年は、ウィーンの1年で、60％日本人・30％アメリカ人・10％ヨーロッパ人になっていた。

半透明人間

筑波大学に戻ったヒラノ助教授を待っていたのは、あちこちの大学から集まって来た〝オレオレ教授〟の争いと、隣の学科の領土割譲要求だった。この結果、計算機科学科は国際A級学科ではなく、国内B級学科に転落してしまった。

ウィーンでの1年間に3編の論文を書いたヒラノ助教授は、筑波大学で4年にわたる〝教育・雑務・権力闘争〟生活を過ごす間に、かつての仲間から忘れ去られ、〝半透明人間〟になった。アメリカであれば3年後には二流大学に放出され、〝教育・雑務マシーン〟として一生を終えていただろう。

ここに舞い込んだのが、ウィーン時代に知り合った、パデュー大学のアンドリュー・ウィンストン教授の招待状である。同教授が勤めるクラナート・スクール・オブ・マネージメント（ビジネス・スクール）に、客員教授として1学期間（4ヶ月）招いてくれるというのである。

超一流のスタンフォード大学や、一流のウィスコンシン大学と違って、この大学のビジネス・スクールは二流、良く言って一・五流である。〝しかし、たとえ二流であっても、今の教育・雑務・権力闘争生活より遥《はる》かにましだ〟。

家族と別れて暮らす4ヶ月は、ミゼラブルそのものだろう。しかし、たとえ地獄であっても、筑波よりはましだと考えたヒラノ助教授は、39歳になって間もない1979年8月末にアメリカに旅立った。

2　モントリオールの屈辱

だまし討ち

ヒラノ助教授には、パデュー大学を訪れる前に、モントリオールでやらなければならない大仕事があった。「国際数理計画法学会」の理事会に出席して、3年後の1982年に開催される「第11回国際数理計画法シンポジウム」を、日本に誘致するためのプレゼンテーションを行うことである。

〝数理計画法〟というのは、企業や公共機関における様々な最適化問題を扱う数理技術のことで、世界各地に1万人以上の研究者を擁する一大研究分野である。1951年以来3年に1回、北米大陸とそれ以外の地域が交代で主催することになっているシンポジウムを、はじめてアジアに連れてこようというのである。

世界各地から1000人の研究者が集まるシンポジウムを開催するには、資金集め、会場選び、宿泊施設の確保、晩餐会《ばんさん》や各種イベントの企画、招待講演者の選定、関係学会との折衝など、手間がかかる仕事が山ほどある。

しかし、学会の会長を務めるフィリップ・ウォルフ博士から、〝次回は日本で開催して頂きたいので、モントリオール大会の折に、日本誘致のプレゼンテーションをお願いできないか〟という手紙を貰《もら》ったからには、受けないわけにはいかない。ウォルフ博士はこの当時、アメリカ有数の民間研究所「IBMワトソン研究所」の主任研究員を務めていた。

1950年代から60年代にかけて、ORやゲーム理論をはじめとする〝数理科学技術のメッカ〟と呼ばれたシンクタンク「ランド・コーポレーション」時代に、ダンツィク教授の共同研究者として目覚ましい研究業績を上げたウォルフ博士は、ダンツィク・ファミリーの長男と言うべき存在である。

そこでヒラノ助教授は、日本におけるこの分野の最高権威である伊理《いり》正夫《まさお》教授（東京大学）のアドバイスを受けて作ったA4で5枚ほどの資料を携えて、モントリオールにやって来たのである。

〝すべてはこれからだが、開催までには1000日以上あるから、どうにかなるだろう。対抗馬のボン大学グループは強敵である。しかし、日本は西ドイツにひけを取らない有力な研究者を擁しているし、ウォルフ会長の意向が日本開催であることからすれば、よほどのヘマをしない限り敗けることはないだろう。ここでうまくやれば、日本はアジアのリーダーになれるのだ〟。

シンポジウムに参加する30人余りの研究仲間には、勝負は5分5分だと伝えておいたが、内心では悪くても6分4分だと考えていた。

緯度は稚内《わっかない》と同じなのに、8月末のモントリオールは、東京と変わらないような蒸し暑さだった。

理事会が開催されている会議室の前で、汗をふきふき待つこと約20分（北緯45度に位置するモントリオール大学には、クーラーがなかった）。定刻より15分遅れて、西ドイツの総帥《そうすい》であるベルンハルト・コルテ教授（ボン大学）のプレゼンテーションが終わり、部屋に招き入れられたヒラノ助教授は、テーブルの上に置かれた色刷りのパンフレットを見て愕然《がくぜん》となった。それは30ページもあろうかという、ボン・グループのプレゼン資料だった。

表紙裏の後援団体リストの筆頭には、〝西ドイツ政府〟という名前がある。ページをめくると、船のカラー写真と〝ライン川下りの船の中のバンケット〟という凄《すご》い文字が目に入った。遊覧船を借り切った1000人の晩餐会!!　これほど豪華な企画は、未《いま》だかつて例が無い。

これだけ綿密な計画を立て、政府の支援を引き出すためには、1年以上の時間が必要だったはずだ。つまり、ウォルフ会長から手紙が届いた4ヶ月前には、事実上ボンで開催されることが決まっていたのだ。

ではウォルフ会長は、なぜあのような手紙を寄越したのか。考えられることは1つである。立候補地が1つだけだと学会の権威に傷がつくので、日本を当て馬として立候補させたのである。

ダンツィク・ファミリーの長兄に騙《だま》された末弟は、足元を突き崩されたようなショックを受けた。〝こんなことってありか。当て馬だと分かっていれば、仲間たちに大言壮語することはなかったのに。これでは「若手の旗手」としての面目は丸潰《まるつぶ》れだ〟。

動転したヒラノ助教授は目の焦点が定まらず、立っているのがやっとだった。準備した資料には、晩餐会や同伴者プログラムはおろか、具体的な開催場所も募金計画も記されていなかったのである。

〝無様なプレゼンテーションをするくらいなら、立候補を辞退した方がいいのではないか。しかし、それではウォルフ会長と理事会に喧嘩《けんか》を売ることになるし、仲間にも申し開きが出来ない〟。こうしてお人よしのヒラノ助教授は、かつてない屈辱感の中で、ミゼラブルなプレゼンテーションを行ったのである。

予想通り、理事からはひとつの質問も出なかった。ボン・グループの豪華で具体的なプランを聞いた後では、何も尋ねる気になれなくて当然である。ウォルフ会長は、「開催地は明日の総会で発表します」と言っただけだった。

その夜、キャンパスのそばにある中華料理店で開かれた懇親会で、ヒラノ助教授は日本からの参加者に、理事会での成行きを報告した。「残念ながら、ボンに持っていかれました。せっかく期待して頂いたのに、申し訳ありません」という簡単な報告に対して、誰も何も尋ねようとしなかった。

はじめから期待していなかったのか。若手の旗手の余りの落ち込みように、言葉を失ったのか。それとも、東京で開催して面倒な仕事を手伝わされるより、お客様としてボンに旅行する方がいいと思ったのだろうか。

ヒラノ助教授はすべてを投げ出して、日本に逃げ帰りたいと思った。しかし、そんなことをしたら、パデュー大学に招待してくれたウィンストン教授が困る。〝教育・雑務マシーン〟生活から抜け出し、自分の時間を取り戻すために、単身生活を決断したのではなかったのか。

仲間たちと顔を合わせたくなかったヒラノ助教授は、木曜朝の研究発表を済ませたあと、ホテルで不貞寝《ふてね》して過ごした。〝絶対ボンなんかに行ってやるものか。フィリップ・ウォルフのBSヤロー！〟（BSとは bull shit という下品な言葉の略語である）。

金曜は観光バスに乗って、1日中市内見物で時間をつぶした。夕方遅くホテルに戻ったあと、ウィンストン教授のために免税店で買ったヘネシーXOを飲んで酔い潰れて眠るつもりだったが、いくら飲んでも悔しさで寝付けなかった。

翌朝気を取り直した〝ぐらぐら頭の〟ヒラノ助教授は、予定通りモントリオールを発《た》ち、シカゴを経由してパデュー大学があるインディアナ州のウェスト・ラファイエットに飛んだ。

シカゴから先は、はじめて乗る小型のガタピシ・プロペラ機である。通路を挟んで両側に2人ずつ、15列ほどの飛行機は満席だった。ジェット機と違って、プロペラ機はエンジンが止まっても滑空出来るということだが、飛行機嫌いのヒラノ助教授は生きた心地がしなかった。

幸い空は快晴、3000メートル辺りをふわふわ飛ぶ飛行機から、一面に広がるトウモロコシ畑と、まっすぐ南北に走る道路上の豆粒のような車を見下ろしていると、9年前の苦い記憶が甦《よみがえ》ってきた。

お人よしの日本人

1970年の夏、ヒラノ青年はスタンフォード大学で2度目の夏を過ごしていた。博士資格試験に合格して、ジョージ・ダンツィク教授の指導を受けることが決まったのは、この年の3月である。

その日以来、ヒラノ青年は毎日研究室にこもって、学科の図書室にある様々な論文を読みあさったが、なかなかいいテーマは見つからなかった。秋までに見つからなければ、博士号（Ph.D.）取得に黄色信号が灯《と》る。

そんなある日の午後、ダンツィク教授の教え子であるリチャード・コトル准教授から、相談事があるので至急来てほしい、という電話がかかってきた。何事かと思って駆けつけると、そこではコトル准教授のほかに、2人の人物がヒラノ青年を待っていた。

1人目は、かつてダンツィク教授から紹介されたことがある、IBMワトソン研究所のフィリップ・ウォルフ博士である。40歳を少し超えたばかりのこの人は、50年代後半から60年代はじめにかけて書いた一連の論文、中でもダンツィク教授と連名で書いた「分解原理」に関する論文で、世界的名声を確立した大物である。

2人目は、初対面のミシェル・バリンスキー教授（ニューヨーク市立大学）である。この人はダンツィク教授の盟友の1人である、プリンストン大学の大御所・アルバート・タッカー教授のもとで博士号を取った秀才で、コトル准教授同様30代の若さながら、数年前に書いた〝整数計画法〟に関する総合報告で、スターダムにのし上がったポーランド系ユダヤ人である。

ウォルフ、コトル、バリンスキーは、数理計画法の世界に君臨するダンツィク・スクールの若手三羽ガラスである。

依頼の内容は、翌年に設立を予定している「国際数理計画法学会」の役員として、適当な日本人を推薦してほしいというものだった。そこでヒラノ青年は躊躇《ちゅうちょ》なく、森口繁一東京大学教授と伊理正夫東京大学助教授の名前を挙げた。誰に聞いても、最初に挙がるのはこの2人である。

「伊理というのは、ネットワーク・フロー理論の本を書いた伊理か？」とウォルフ博士。

「そのとおりです」

伊理助教授はこの前年にアメリカの有力出版社から出した専門書で、世界的に名前を知られていた。

「もう1人の森口という名前は聞いたことがないが、どのような業績があるのか？」

とバリンスキー教授。

「数理計画法に関する英文論文をお書きになってはいませんが、この分野では日本の第一人者なので、頼んで損はないはずです」

「論文を書いていない第一人者？　フムー」

もちろんヒラノ青年は、アメリカン・スタンダードでは、論文を書かない人は研究者とみなされないことを百も承知だった。しかし日本には、英文論文を書かなくても権威と称される人はいくらでもいた（アメリカ流の〝論文至上主義〟が日本に定着するのは、1980年代に入ってからである）。

誰か1人と言われれば、この分野で何編もの論文を書き、英文の著書を出している伊理助教授だが、日本の慣習では、助教授が上司である大教授を差し置いて、名誉ある国際学会の役員を引き受けることはありえない。

しかし、〝森口教授もしくは伊理助教授のどちらかにお願いしたい〟という依頼状を書けば、伊理助教授にお鉢が回るのではないか。このような説明をしようと思ったところ、ウォルフ博士は、「もう結構」とヒラノ青年の言葉を遮った。

ろくに話も聞かずに失礼じゃないかと思ったが、相手は足を組んでパイプをくゆらすだけだった。〝人を呼び出しておいて、この傲慢《ごうまん》さは何だ〟。

このあと三羽ガラスが、伊理助教授に役員就任を依頼したかどうかは知らない。仮に依頼されたとしても、慎重な伊理助教授は断っただろうが、1971年に設立された学会の役員の中に日本人が含まれていなかったことは確かである。

ちなみに、初代会長は御大のダンツィク教授、3役が若手三羽ガラス、そして理事の大半は、アメリカとヨーロッパのユダヤ人だった。

つまりヒラノ助教授は、前々からウォルフ博士がどのような人なのかを知っていたのである。〝そうと知りながら騙された俺は、なんというお人よしだろう〟。

3　ビッグ・バッド・ウォルフ

20代の冠教授

ウェスト・ラファイエットの飛行場には、アンドリュー（アンディ）・ウィンストン教授とヴェロニカ夫人が出迎えてくれた。

アンディは43歳になったばかりだから、日本でいえば〝若手〟教授であるが、既に150編を超える論文を書いている実力者である。

この人は、1962年にカーネギー工科大学（現在のカーネギー・メロン大学）で博士号を取ったあと、イェール大学経済学部助教授、ヴァージニア大学准教授を経て、30歳になる直前にパデュー大学の〝椅子《いす》付き教授（チェアード・プロフェッサー）〟に就任している。

アメリカの大学では、特別に優秀な人を外部から招聘《しょうへい》する際には、民間企業や篤志《とくし》家《か》から提供された基金をもとに設置された、椅子付き教授（日本で言うところの冠教授）ポストを提供する。このポストに就くと、給与・教育負担・住宅手当などの面で、様々な特典が与えられる。

また、ニューヨークやシカゴなどの大都市にある大学の場合、有力教授の招聘にあたっては、研究室に近い駐車場を用意することが必須《ひっす》である（マンハッタンにあるコロンビア大学では、これが原因で大物教授との交渉が不調に終わったケースもあったそうだ）。

ウィンストン教授は、若い頃の数理経済学を出発点に、数理計画法、データベース・マネージメント、意思決定支援システム、電子商取引などの研究に手を広げ、本拠地であるマネージメント学科のほかに、経済学科と計算機科学科の教授を兼務し、その上ソフトウェア会社まで経営しているモーレッツ教授である。

アメリカでは、実力があれば年齢に関わりなく正教授ポストを手にすることが出来る。しかし、20代で冠教授という人は100人に1人もいないだろう。

それにしても、どうすれば20年にわたって、毎年6編もの論文を量産することが出来るのか。化学や生物学のような実験系の分野では、実験結果が1つ出るたびに1編の論文を書くことができるということだが、アンディのような理論系の研究者は、年に3編書けば一流とみなされることを考えると、毎年6編をコンスタントに発表し続ける人は、これまた20人に1人も居ないだろう。

ヒラノ助教授がこの大学に来た理由の1つは、アンディの生産性の秘密を突き止め、年3編以上の論文が書けるようになりたい、と思ったことである。

アンディとの付き合いは4年前の夏、ウィーンにある「国際応用システム分析研究所（IIASA）」でオフィスをシェアして以来である。はじめてこの人と顔を合わせたときは、口が悪くて厚かましいヤンキー野郎だと思ったが、暫《しば》らく付き合ううちに、悪いのは口だけで、実際にはとても繊細な人であることが分かってきた。

アンディがウィーンを訪れたのは、ハンガリー出身のヴェロニカ夫人の里帰りに付き合うのが目的だった。われわれは夫人が留守の間、国立歌劇場やワインケラーで、1人暮らしの侘《わび》しさを慰め合った。

研究者としては月とスッポンほども差があったが、なぜかこの人はヒラノ助教授を対等な研究者として扱ってくれた。

学生として3年、プロの研究者として1年をアメリカで過ごしたにも拘わらず、アメリカ人の友人が数人しか出来なかったヒラノ助教授にとって、4つ年上のアンディは大切な先輩であり友人だった。

ヴェロニカ夫人は、1956年のハンガリー動乱の際に、荷馬車に積んだ乾草《ほしくさ》の中に隠れてオーストリアに脱出したユダヤ人である（ということは、その夫であるアンディもユダヤ人だろう）。

ヴェロニカ夫人は、苦労しているだけあってとてもよく出来た人で、2人の子供と母親の面倒を見ながら、夫の会社の事務を切り盛りしている、上品で人柄がいいスーパー・レディーである。

この人の車で、予約してあった大学近くのホテルに運んでもらい、シャワーをあびて一休みしたあと、街に出てあたりを散策した。

アメリカで暮らすのは、ウィスコンシン大学以来6年ぶりだが、ホテル、ガソリン、食料品の値段は50％近く上がっていた。過去1年のインフレ率は、14％に達したということだ。インフレの中で、3ヶ月物の定期預金金利は15％を超えていた。1000ドル預けておくと、5年余りで2000ドルになるのである。

どこの国でもそうだが、アメリカで短期滞在するときは、旅行者並みのコストがかかる。アパートは通常年間契約で、1年未満で退居する場合は、（次の借主が見つからなければ）残りの家賃を取られる。

したがって、1～2ヶ月間の滞在であれば、ホテル暮らしの方が絶対に安い。その上、退居のときの点検が恐ろしく厳しい。通常の経時的劣化を除く破損や汚れについては、眼を剝《む》くような修繕費用を請求される。

自分でどれだけ丁寧にクリーニングしても、1ヶ月分のデポジットはまず戻って来ない。追加料金を請求されなければラッキーというものである。しかし、4ヶ月ホテル暮らしをすれば、部屋代だけで6000ドルを超える。

〝アパートを借りるとして、12月末に次の借主が見つかるだろうか？　見つからなければ500ドル×8＝4000ドル、1ヶ月分以上の給料が飛んでいく。12月までの4ヶ月を、どうやって暮らせばいいのか〟。

大邸宅のサーモン・ステーキ・ディナー

その日の夕方、ヒラノ助教授はアンディの家に招かれた。市内の小高い丘の上にある邸宅は、1階が70平米ほどのリビングとダイニング、それにヴェロニカ夫人の母親カーラの居室とバスルームなど。2階は書斎と寝室になっているのだろう。

広い裏庭は、丁寧に手入れされた花壇になっている。田舎町だから土地が安いとはいうものの、スタンフォードのダンツィク教授邸に匹敵する大邸宅である。

アンディは、大学まで約4マイルの道のりを自転車で通勤し、週末は夫人とテニスを楽しんでいるという。身長185センチ、体重90キロという堂々たる体格のアンディは、年に6編の論文を書くためには、知力のほかに体力も必要であることを示していた。

ディナーのメイン・ディッシュは、特大のサーモン・ステーキだった。アメリカでは、ディナーに何の料理が出てくるかで、客がホストからどのように評価されているかが分かるといわれている。カリフォルニアでのベストスリーは、1がロブスター、2がサーモン・ステーキ、3が上等のヒレステーキ、そしてその後いろいろあって、最下位はチキンの煮込みだといわれていた。

インディアナ州が内陸の土地であることを考えれば、ヒラノ助教授は最高のもてなしを受けたのである。サーモン・ステーキを食べながら思い出したのは、ウィスコンシン大学に赴任して間もなく招待された、大教授宅での〝凍りつくような〟チキン・ディナーだった。

食事の間ヴェロニカ夫人は、家族を残してアメリカにやって来た男に気を遣ってくれた。ウィーンで単身生活を送っていたアンディは、ヒラノ助教授が自分と同様、家族と離れて暮らせない男であることを知っているのだ。

ユダヤ人は家族の絆《きずな》を大切にするということだが、ヴェロニカ夫人の口のはしばしから溢《あふ》れ出る、カーラへの愛情と夫に対する敬意を、ヒラノ助教授は羨《うらや》ましい気持ちで受け止めた。

〝カーラは、娘と一緒に荷馬車でウィーンに脱出したのだろうか。カーラの夫はどうなったのか。アンディもヨーロッパから逃げ出してきたのか。2人の子供たちは、どこの大学に通っているのか。訊《き》きたいことは山ほどあるが、慌《あわ》てる必要はない――〟。

家族と離れて暮らす男に対するヴェロニカ夫人の思いやりは、カリフォルニアで1人暮らしをしていたときに、下宿先の大米国・中流・小市民・ブラウン夫人が発した、「夫婦が3ヶ月離れて暮らせば、離婚されても仕方ないわね!」という無神経発言の対極にあるものだった。

食事のあと、カーラは自室に引き取り、3人はワインとチーズで談笑した。長旅で疲れていたし、アンディはこのあともう一仕事するはずだから、余り長居してはいけないと思いつつ1時間ほど歓談する間に、ヒラノ助教授はモントリオール・ショックから立ち直っていた。

「モントリオールはどうだった?」

「暑くて閉口しました。クーラーがないので、発表会場は蒸し風呂でした」

「この辺りも、今週は35度を超える暑さが続いたせいで、計算機がダウンして大弱りしたよ」

アメリカ中西部には高い山がないから、メキシコ湾からの熱風が、インディアナを通り越してカナダまで吹きあげるのである。

「そうですか。東京も暑くて大変でしたが、まさかモントリオールがあんなに暑いとは思いませんでした。その上、国際数理計画法学会の理事会で、フィリップ・ウォルフに騙されてヘロヘロになりました」

「フィリップ・ウォルフ⁉ 〝ビッグ・バッド・ウォルフ〟が何かやったの？」

「ビッグ・バッド・ウォルフと呼ばれているのですか。確か、赤ずきんちゃんの話に出てくる悪い狼《おおかみ》のことですね」

「そうそう。一体何があったの？」

モントリオールでの出来事を説明すると、夫妻はヒラノ助教授にいたく同情してくれた。アンディによれば、ウォルフ博士はダンツィク教授の権威をかさに着て、実績以上に態度が大きいので、評判が良くないということだった。

線形計画法一番乗りをめぐる戦い

アンディの母校であるカーネギー工科大学は、ダンツィク教授のライバルであるアブラハム・チャーンズ教授（この人もユダヤ人）が勤めていた大学である。

1947年、ダンツィク教授が線形計画問題の解法である「単体法」を提案したとき、それより早く類似の解法を考案したと名乗り出たのが、3つ年下のチャーンズ教授である。この人は、1947年にイリノイ大学で博士号を取っているが、その博士論文の中に線形計画法に関する記述があったらしい。

線形計画法は、後に〝20世紀最高の応用数学理論〟と呼ばれることになる大理論だから、その一番乗りの栄誉を手に入れるか入れないかは、研究者にとって一生の重大事である。

熾烈《しれつ》を極めた2人のバトルは、チャリング・クープマンス教授（イェール大学）やアルバート・タッカー教授（プリンストン大学）の支持を受けたダンツィク教授の勝利に終わり、それ以降ダンツィク教授の、〝線形計画法の父〟としての名声は不動のものになった。

しかし、チャーンズ教授との争いは、30年後にダンツィク教授に、生涯にわたって消えることのない大きな傷を与えた。1975年のノーベル経済学賞が〝資源の効率的配分方法〟、すなわち線形計画法における貢献に対して授与されたとき、ダンツィク教授が受賞者から外されてしまったのである。

このときの受賞者は、イェール大学のクープマンス教授と、ソ連科学アカデミーのレオニート・カントロビッチ博士の2人だった。この2人は、経済学における線形計画法の重要性を指摘したパイオニアである。一方、それらの問題を解くための方法である〝単体法〟を発明したのは、ダンツィク教授である。

ノーベル賞の規定では3人分の枠があるのだから、単体法の発明者であるダンツィク教授が外されるのは、誰が考えてもおかしい。クープマンス教授は、困惑のあまり受賞辞退まで考えたというほど不可解極まる選考だった。

ここで囁《ささや》かれたのが、30年前のバトルである。3人目として（ダンツィク・ファミリーに言わせれば1人目だが）ダンツィクを入れるか。ダンツィクを入れるなら、チャーンズも入れるべきではないか。ではカントロビッチを外して、クープマンス、ダンツィク、チャーンズで行くか。

米ソ・デタント（緊張緩和）時代の象徴として、カントロビッチは入れた方がいいのではないか。ダンツィク、チャーンズは経済学者ではないから、除外してもいいのではないか――。選考委員会では、カンカンガクガクの議論が行われたのだろう。ノーベル賞にまつわる不可解な選考は数々あるが、〝ダンツィク外し〟以上のものはないのではなかろうか。

アンディと三羽ガラス

チャーンズ教授は、1955年に7年勤めたカーネギー工科大学から、新設されたパデュー大学のクラナート・スクールに移り、ここで2年を過ごしている。このあとノースウェスタン大学、テキサス大学教授として、ダンツィク教授とはやや違う領域で数々の業績を挙げると共に、多くの優秀な弟子を育てた。

ダンツィク教授には及ばないものの、チャーンズ教授もORのさまざまな分野で大きな業績を挙げた巨人である。

ウィンストン教授がカーネギー工科大学に入学したのは1955年、すなわちチャーンズ教授がパデュー大学に移った年である。恐らくこのころはまだ、数年前まで続いたダンツィクvsチャーンズの確執が、まわりに影を落としていたに違いない。

アンディは、チャーンズ・シンパから、チャーンズ寄りの話を聞かされたはずだ。

専門から言って、直接的な付き合いがあった可能性もある。実際、その後のキャリア・パスを見ると、アンディはチャーンズの後を忠実に追いかけている。

80年代半ばに、パデュー大学からチャーンズ教授がいるテキサス大学に移籍し、この人が世を去った後は、後任として「経営科学センター」の所長に就任しているのである。

アンディはチャーンズ・シンパだったが、ダンツィクの一番乗りを認めていた。チャーンズ・グループがどう言おうとも、ダンツィクの方が少しばかり早かったのだ。しかしこの人は、チャーンズ・グループを冷遇（迫害？）したダンツィク・グループの若手三羽ガラス、ウォルフ、コトル、バリンスキーに対していい印象を持っていなかったのだ。

ウィーンに滞在していたとき、この人はバリンスキー教授を“smooth fellow”と評したことがあった。そのときは、〝人あたりがいい男〟という意味だと思ったが、その真意は〝お世辞がうまい奴《やつ》〟だったのだ。

〝フィリップ・ウォルフ＝ビッグ・バッド・ウォルフ〟というアンディの言葉を聞いて、ヒラノ助教授は急に元気が出た。ダンツィク・ファミリーでは偉いということになっているが、このようなあだ名が付けられたということは、（アンディがチャーンズ・シンパであったことを差し引いても）それを裏付けるいくつもの事実があるのだろう。

ひどい目にあわされたが、狼に食べられてしまったわけではない。それに、ビッグ・バッド・ウォルフに騙されたのは、自分だけではないのだ。

その夜ヒラノ助教授は、ビッグ・バッド・ウォルフ、ビッグ・バッド・ウォルフとつぶやきながら、4日ぶりに安らかな眠りについたのである。

4　パデュー大学

大平原の中の大きな大学

パデュー大学があるインディアナ州は、東はオハイオ、西はイリノイ、北はミシガン、そして南はケンタッキーに囲まれた、〝アメリカの十字路〟と呼ばれる交通の要衝である。

東部標準時間を採用していることからすれば、東部ということになるのだろうが、ニューヨークから西に1000キロも離れている上に、中西部最大の都市シカゴの真南に位置していることからすれば、中西部と呼んだ方があたっている。

州都のインディアナポリスは、その名を冠したオートレース「インディアナポリス500」と、白人至上主義の秘密結社「KKK（クー・クラックス・クラン）」の本部があったことで、世界にその名を知られている。

大学があるウェスト・ラファイエットの町は、シカゴから約200キロのところにある人口2万余の小都市で、南北に流れるワバシュ川の対岸には、これまた人口4万ほどの商業都市ラファイエットが位置している。冬の平均気温はシカゴより3度、マディソンより5度ほど高く、中西部としてはマイルドな気候である。

慈善家ジョン・パデューが拠出した基金をもとに、1869年（明治2年）に設立されたパデュー大学（アンディはプルデューと呼んでいた）は、ウェスト・ラファイエット・キャンパスだけで学生数3万8000、各地に点在するローカル・キャンパスを含めると、7万人を超えるマンモス州立大学である。

全米大学ランキングでは、30位あたりに位置する〝二流〟大学であるが、アメリカで最も旧《ふる》い歴史を誇る工学部は、この当時MIT、スタンフォードについで、全米ナンバー・スリーにランクされていた（現在もベストテンに入っている）。

キャンパスの広さは2300エーカー（約280万坪）、筑波大学の3倍以上である。周辺のローカル・キャンパスを加えれば、スタンフォード大学の8180エーカー（約1000万坪）を上廻る。

こんなにだだっ広い大学で、学生たちはどうやって暮らすのか。心配は御無用。主要な建物や施設は1キロ四方のスペースに納まっているから、自転車があれば何とでもなるのである。

日曜の昼過ぎ、ヒラノ准教授（筑波大学助教授のパデュー大学でのポジションは准教授だった）はホテルを出て緩やかな坂道を登り、キャンパス見物に出かけた。美しい並木道には沢山のリスが跳ねている。見た目はとてもかわいらしい生き物だが、スタンフォードでは、狂犬病に罹《かか》っている可能性があるので、近寄らない方が安全だと言われていた。

5分ほど歩くと、クラナート・スクールの建物が見えてきた。翌日から秋学期の講義が始まるキャンパスの中には、大勢の学生が行き来していた。

全米で最も美しい3つのキャンパスと称される、スタンフォード、コーネル、ウィスコンシンには及ばないが、アメリカの大学に足を踏み入れるのはこれがはじめてだという人は、その素晴らしさに驚嘆するだろう。

驚くのはキャンパスの広さだけではない。その他の施設も、（当時の）日本では考えられないような豪華さである。よく管理された学生寮、明るく清潔なカフェテリア、24時間オープンの大図書館、あちこちに点在するテニス・コート、バスケット・コート、トラック、フィールド、温水プールなどの運動施設は、物理・体育大学と呼ばれる筑波大学以上の充実ぶりである。

少し離れたところには、5万人の観衆を収容するフットボール場。パデュー大学のボイラー・メーカーズは、中西部のビッグテン・グループに属しているが、オハイオ州立大学やミシガン大学などの強豪には歯が立たず、グループの中位を上下する二流チームだった。

学生に対して至れり尽くせりのサービスは、それがなければいい学生を呼び込むことが出来ないからである。田舎に作られた大学は、キャンパスの中ですべて用が足りるように設計されているのである。

工学部が、全米ベストスリーに入っているのに対して、ヒラノ〝客員准教授〟が勤務する「クラナート・スクール・オブ・マネージメント」は、全米ビジネス・スクール・ランキングで20位から30位の間を上下していた。設立されてから25年にしかならない後発スクールだから仕方がないとはいうものの、はっきり言って二流校である。

57ページの表は、米国のUSニューズと英国のフィナンシャル・タイムズが発表した2013年度の全米ビジネス・スクール・ランキングを示したものである。これを見ると、ベスト8グループは両者一致している。

これ以外にもいくつもの機関がランキングを発表しているが、ベスト10はほぼ同じである。

全米ビジネス・スクール・ランキング（2013年）

US News	Financial Times
1．ハーバード大学	1．ハーバード大学
1．スタンフォード大学	2．スタンフォード大学
3．ペンシルバニア大学	3．ペンシルバニア大学
4．マサチューセッツ工科大学	4．コロンビア大学
4．ノースウェスタン大学	5．マサチューセッツ工科大学
6．シカゴ大学	6．シカゴ大学
7．カリフォルニア大学バークレー校	7．カリフォルニア大学バークレー校
8．コロンビア大学	8．ノースウェスタン大学
9．ダートマス大学	9．イェール大学
10．ニューヨーク大学	10．ダートマス大学
11．デューク大学	11．デューク大学
12．ヴァージニア大学	12．ニューヨーク大学
13．イェール大学	13．カリフォルニア大学ロサンゼルス校
14．カリフォルニア大学ロサンゼルス校	14．コーネル大学
14．ミシガン大学	15．ミシガン大学
16．コーネル大学	16．ヴァージニア大学
17．テキサス大学オースチン校	17．ライス大学
18．エモリー大学	18．ジョージタウン大学
19．カーネギー・メロン大学	19．カーネギー・メロン大学
20．ノースカロライナ大学	20．イリノイ大学

ランク付けは、他校の教員によるプログラム評価、企業の採用担当者の評価、卒業生の給与・ボーナス、就職内定率、学生の成績（GMAT、GPAの得点）などをもとにして行われる（研究が評価の対象にならないのは、ビジネス・スクールは教育機関であって、研究機関ではないからである）。

ランクは年ごとに変動するが、ここ20年ほどトップ20グループはほとんど変わっていない（なお1979年には、ライバルのインディアナ大学を追いかけていたはずのパデュー大学は、2013年には44位に落ちてしまった）。

二流校の物足りない教科書

月曜日の朝9時、ヒラノ准《じゅん》教授はゴードン・ライト学部長に挨拶《あいさつ》に出かけた。40代半ばのこの人は、学者というよりビジネスマンと呼んだ方がいい人物である。ビジネス・スクールの学部長は、企業のトップやジャーナリストと付き合う機会が多いから、このような人でなければ務まらないのである（MITスローン・スクールの学部長を務めるトム・マグナンティも、実に人あたりがいい男だった）。

ライト教授の名前を知ったのは、しばらく前にこの人が書いたテキスト『経営のためのオペレーションズ・リサーチ技法』が送られてきたときである。全体で600ページを超えるこの教科書には、オペレーションズ・リサーチ（OR）の主要分野をカバーする標準的内容が盛られていた。

ヒラノ准教授は、一流ビジネス・スクールの定番教科書よりややレベルが低いこの教科書にしたがって、2クラスの学生100人を対象に、75分の講義を週2コマずつ担当することになっているのである。

「お待ちしていました。お疲れでしょうが、明日からの講義をよろしくお願いします」

「送って頂いた教科書の前半部分をカバーすればいいわけですね？」

「そのようにお願いします。ここの学生の中には、数学的バックグラウンドが十分でない人も居ますので、丁寧に書いたつもりです。スタンフォード出身のあなたにとっては物足りない内容でしょうが、出来る限りあれに沿ってやって下さい。ハーバートも、よろしくと言っておりました」

ヒラノ准教授はこの本の共著者で、アンディと並ぶ看板教授のハーバート・モスコビッツ教授（名前からして、この人もユダヤ人である可能性が高い）がサバティカル休暇を取っているため、その代講役として呼ばれたのである。

日本の大学では、専任教授が長期出張するときには、(低コストの）非常勤講師が代役を務めるのが普通だが、アメリカの一流大学では外部から(高コストの）客員教授を呼ぶのである。そもそも人口6～7万の田舎町に、適当な非常勤講師がいるとは思えないし、200キロ以上離れたシカゴ大学やイリノイ大学から、毎週2回（もしくは3回）も講義をしに来てくれる人などいるはずがないのである。

アメリカで定評がある教科書の場合、短くても3年くらいかけて書かれたものが多い。このプロセスは、まずサバティカル休暇などを利用して第1ドラフトをつくり、これを全国に散らばる友人たちに送って意見を聞くことから始まる。

教科書の冒頭には、長い謝辞リストがついていることが多いが、これらの人はドラフトを読んで、記述の間違いや追加・削除すべきところを、著者にフィードバックした人たちである。

著者はこれらのアドバイスを取捨選択して、第2稿を作成する。そして、再び何人かの仲間に読んでもらって改訂を施す。何度かこれを繰り返したあと、最終版を作るのである。ヒラノ准教授が知っている本の中には、スタートから10年近くかかっているものもある。

優れた教科書は、何回も改訂・増補が施され、その分野の定番教科書になる。例えば、1967年にスタンフォードのリーバーマン教授が、同僚のフレデリック・ヒリヤ教授と著わした『オペレーションズ・リサーチ入門』という教科書は、40年にわたって改訂を繰り返し、2008年に第9版が出ている。

一方日本はどうかと言えば、ワープロが出現する80年代初めまで、原稿は手書きだったから、読んでもらえる人は限られていた。しかも出版社はとても気が短く、せいぜい2年しか待ってくれない。

ヒラノ准教授は前年の1978年に、友人と5年がかりで書いた『非線形計画法』(日科技連出版社)という教科書を出版したが、これだけ待ってくれる出版社は稀《まれ》である。今では数式処理が出来るソフトがあるから、日本の(理工系)教科書作りの環境は随分変わった。しかし70年代までは、日米間に大きな違いがあったのである。

なお上記の『非線形計画法』は、この分野の定番として、20年以上にわたって(少しずつ)売れ続け、累計《るいけい》で1万部に達した。しかし、出版不況のおかげで出版社が体力を無くしたため、また著者が忙しかったため、改訂作業をサボってしまった。

この結果、この教科書は数年前にマーケットから消えた。その後、定年退職と相前後して、別の出版社から増補・改訂版を出さないかというお誘いがあったが、この時は時間はあっても体力と気力が失われていた。

5 決闘

講義とは決闘なり

アメリカ中西部では、冬が暖かい西海岸と違って8月中に新学年が始まる。ヒラノ准教授の任務は、75分の講義を週2回ずつ、2つのクラスに対して15週間にわたって行うことである。1クラスの人数は50人だから、日本の（私立）大学なら大教室でまとめてやってしまうところだが、教育効果を考えて少人数のクラス編成をしているのである。

75分講義を週4コマ（もしくは50分講義を週6コマ）というのは、アメリカの一流大学では標準的なロードである。しかし、同じ内容の講義を2回繰り返すのだから、実質的には3コマ相当である。また、教科書の内容はよく知っているものばかりだから、準備にあまり時間はかからなかった。

その上、客員スタッフには雑務も会議もない。したがってつぶれる時間は、オフィス・アワーを入れても週15時間程度である。月曜から金曜まで45時間働くとして、約30時間を自分の研究にあてることが出来るのである。

アメリカの大学に勤める者なら誰もが同意するはずだが、講義は教員と学生の〝決闘〟である。学生は教員を品定めして、出来る相手だとみればそれなりの敬意を払ってくれる。一方無能だとみなしたときは、それに見合う対応を示す。教える側にとって特に重要なのは、第1回目の講義である。ここで失敗すると、あとあとまで尾を引く。だからヒラノ准教授は、1回目の講義には普通の倍以上の準備時間をかけた。

スタンフォード大学で過ごした3年間に、ヒラノ青年は50科目ほどの講義を履修した。一流教授の場合、学生たちは敬意を払って講義を聞いた。しかし、駆け出し助教授や、よその大学から来たへっぽこ客員教授は、なにかあるとすぐつつかれる。アメリカ人を相手に、正規の講義をするのはこれが初めてである。学生たちの中には、有名なモスコビッツ教授ではなく、日本人准教授の講義を受けることに不満を持つ人がいるかもしれない。こうなると、第1回目の講義でヘマをしたら、決闘の負けは決まったようなものである。

講義の内容については、何を聞かれても大丈夫だという自信がある。しかし、学生の言葉を聞き取れるかどうかについては、若干の不安があった。

日本と違ってアメリカの大学生は、少しでも分からないことがあると質問を浴びせてくる。大方は、〝そんなつまらないことを聞くのかよ〟というレベルのものだが、何を言っているのか聞き取れなければ立ち往生する。

4年間のアメリカ生活で、ヒラノ准教授の耳はカリフォルニア英語と北部英語には慣れていたが、東部英語と南部英語は苦手だった。特に南部英語は、薩摩《さつま》弁のようなもので、何を言っているか分からないことがある。なおスタンフォードでは、テネシー大学やルイジアナ大学など、南部の大学からお誘いがあっても、受けない方がいいと言われていたくらいである。

インディアナ州の南隣はケンタッキー州、そのまた南はテネシー州である。インディアナの州境からテネシーまでは２００キロもない。だから、この大学にはかなりの数の南部学生がいても不思議はない（やれやれ）。

英語と日本語は全く構造が違う言語だから、日本語で考えながら英語で話すのは難しい。つまり英語で話すときは、英語で考える必要があるということだ。そこでヒラノ准教授は、飛行機がアメリカに到着する前に、小学生時代に暗記させられた“I am a boy. You are a girl. We are all human being.”というおまじないを3回唱えて、脳のレバーを英語モードに切り替えるようにしていた。こうすると、たちまちアメリカ人に変身して、英語がスラスラと出てくるようになるのである。

日本語モードに戻すためには、「僕は日本人です。君も日本人です。そう、みんな日本人です」と3回唱えればいい。飛行機が日本に到着する前にこれを唱え忘れると、純正日本人の妻は決まって、「あら。アメリカ人が帰ってきたわ」と嫌味を言った。

案ずるより生むが易《やす》しという言葉の通り、学生たちは日本の大学生より礼儀正しく素朴だった。大半はインディアナ州に自宅がある若者たちである（幸い南部出身の学生はいなかった）。州立大学は、その州の住民に対する授業料を安く抑える一方で、他の州の学生には割増し料金を要求するから、大半の学生は地元の州立大学に入学するのである。

なお2012年時点の州立大学の授業料は、概《おおむ》ね1万5000ドル以下、円に換算すれば140万円程度である。これは、日本の私立大学理工学部の授業料とあまり違わない。アメリカの州立大学に留学する経費は、（円高のおかげで）ヒラノ准教授の世代に比べて4分の1以下で済むのである。

州立大学の中でも、カリフォルニア大学バークレー校、カリフォルニア大学ロサンゼルス校（UCLA）、ミシガン大学、ウィスコンシン大学、テキサス大学などは一流校である。アメリカの大学に留学する日本人学生は、ひところに比べて激減したということだが、アメリカで最も競争力を持つ産業である〝大学〟という資源を、もっと有効に利用してほしいものである。

さて地元出身とは言うものの、自宅から通っている学生はほんの一握りで、99％は寮かアパートを借りて住んでいる。また彼らの数学力は、日本の理工系大学の卒業生より劣るが、文系学生よりややまし、といった水準である。

1回目の講義が終わったあと、1人の青年がオフィスまでついてきた。

「先生はスタンフォードのご出身と伺いましたが、線形計画法を発明したダンツィク教授をご存知ですか？」

「よく聞いてくれました。僕はダンツィク先生のところでPh.D.を取ったんですよ」

「そうなんですか！　学部時代の先生が、ダンツィク教授の講義を取ったことがあるといっていましたけど、どんな人ですか？」

「そうですね。講義に遅れて来たり、時々間違ったりすることもありましたが、僕にとってはまさに最高の先生でした。ところで、君の先生というのは誰ですか？」

「クリス・オールブライト教授です」

秀才ぞろいの同期生の中では目立たない存在だったが、スタンフォードでPh.D.を取ったあとインディアナ大学のビジネス・スクールに就職したという噂《うわさ》だった。

「君はインディアナ大学の出身ですか」

「よくわかりましたね」

「オールブライト教授は僕の同期生です。専門分野が違うので、個人的な付き合いはありませんでしたが、よく出来る人だという評判でした」

「先生より良く出来ましたか?」

「そういうことは、訊かない方がいいんじゃないですか。それはそうと、インディアナ大学にもビジネス・スクールがあるはずですが、何でこの大学に来たんですか?」

「そんなこと、訊かない方がいいんじゃないですか」

「これは1本取られたね」

学生のランクは大学のランクに比例する。この学生は、パデューよりランクが上のインディアナ大学には入れて貰《もら》えなかったのだ。

インシャラー・アシスタント

アメリカの大学では、1時間の講義に対して3時間分の宿題を出すことになっている。しかし、学生のレベルが分からなければ、週9時間相当の問題を見つくろうのは容易でない。そこでライト学部長に相談したところ、教科書の章末に載っている問題の中から、適当なものをピックアップしてくれた。

宿題の採点を担当するのは、ティーチング・アシスタントのイラン人留学生ロトフィである。アシスタントに採用された博士課程の学生は、月500ドル程度の奨学金と授業料免除を条件に、1週当たり10時間ほどの時間を宿題の採点に割くことになっているのである。

学部長にロトフィを紹介されたとき、〝こいつはハズレだ〟と思ったが、その直感は当たった（ヒラノ准教授の経験では、第一印象は80％くらい正しい）。

成績評価は宿題が50％、試験が50％だから、奨学金をカットされないためには、宿題の手抜きは出来ない。当然学生達は採点に敏感で、少しでも疑問があれば直ちにクレームをつけにくる。

ところが、スタンフォードのティーチング・アシスタントの採点は極めて正確で、クレームをつけに行っても撃退されるケースがほとんどだった。

しかし、出来が悪いティーチング・アシスタントに当たれば、不満を持つ学生も出るだろう。この心配は現実になった。ロトフィはしばしば採点ミスを犯し、学生とトラブルを起こしたのである。

苦情を言うと、なんだかんだと言い訳する。子供が病気になった、女房が病気になった、(テヘランにいる)母親が病気になった、エトセトラ。そして最後は、〝インシャラー(アラーの思し召《おぼ》し)〟とくる。

アンディに相談したところ、学部長と交渉すれば、別の学生に替えてもらうことは可能だが、逆恨みされたり訴えられたりすることもあるので、用心が必要だという。

4週目に入ると、学生たちはヒラノ准教授のオフィスにやって来て文句を言うようになったので、自分で採点を請け負うことにした。この結果、ティーチング・ロードは週5時間増えてしまった。

授業を担当する教員は、週2回それぞれ1時間ずつオフィス・アワーを開設し、この時間は研究室に待機していなくてはならない。時間を有効に使うため、ヒラノ准教授は火曜と木曜にオフィス・アワーを設定し、学生が来ない時間は宿題の採点にあてた。こうすれば、月・水・金の3日間は、完全に自分の時間として使える。

アメリカの一流大学を手本として作られた筑波大学は、オフィス・アワー制度を取り入れていたが、この制度は機能しなかった。日本の学生は、オフィス・アワーと関わりなく、ランダムにやって来るのである。「いまいいですか？」と聞いてくれたりはしない。

日本の大学の工学部では、朝9時から5時までびっしり講義や実験があるので、オフィス・アワーは機能しないのである。

ところがアメリカの学生は、月・水・金に50分講義を3つと、火・木に75分講義を2つしか取らない。それ以上取るときには、助言教員の許可が必要である。それだけ単位を取るのが難しいということである。

講義が少ないからといって、学生は遊んでいるわけではない。空き時間は専《もっぱ》ら図書館で宿題解きをしている。そして分からないところがあると、ティーチング・アシスタントに質問に来る。ところがティーチング・アシスタントが信用できないので、学生たちはヒラノ准教授のところに押しかけて来たというわけである。

1ヶ月あたり3800ドルの給与をもらっているということは、オフィス・アワーは1回につき100ドルに相当する。これだけもらっている以上は、大方の要望に応《こた》えなくてはならない。ところが、中には応えられない要望もある。

ワタシをあげるから単位をちょうだい

その代表は、試験や宿題の得点かさあげ要求である。合格点が60点の試験で、58点ならともかく30点しか取れなかった学生は、不合格にするしかない（この点については、日米に違いはない）。

ところが、成績が悪いと奨学金を打ち切られたり、退学を勧告されるアメリカの大学生は、文字通り〝必死〟だから、容易なことでは引き下がってくれない。鬼の形相で迫ってくる学生を撃退するには、アンディのような気力・体力・経験が必要である。

特に、〝ワタシをあげるから単位をちょうだい〟と迫る女子学生を撃退するには、気力と体力のほかに、倫理感もしくは貞操観念が必要である（このあたりの事情は、『工学部ヒラノ教授の事件ファイル』（新潮文庫、２０１５）に詳しく書いたので、そちらをご覧いただきたい）。

単位がらみで貞操を奪われそうになったのは、４ヶ月間で1回だけだったが、このペースでいけば1年なら2回、2年なら4回である。何回かこういうことがあると、まあいいかという気にならないとも限らない。

スティーヴン・スピルバーグの『インディ（インディアナ）・ジョーンズ』には、ジヨーンズ教授を誘惑する女子学生が登場するが、アンディによれば、インディアナだけでなくアメリカ全土に、〝単位をあげてワタシをもらう〟大学教授が大勢いるということだ（みんなでもらえば怖くないのだろう）。

こういう話は、日本の工学部では聞いたことが無いが、怪しげな大学の怪しげな学科には、このようなコマッタ教授がいるのかもしれない。

6　ビジネス・スクールのカルチャー

輸送問題

モスコビッツ教授の代役を務めるヒラノ准教授は、この人が書いた教科書にしたがって講義を進めた。この手の教科書のほとんどがそうであるように、最初に出てくるのは〝線形計画法〟である。

ヒラノ准教授は、これまでに1ダース余りの教科書に目を通してきたが、この本の記述はそれらの中で最も丁寧（冗長）だった。理工系大学用の教科書（たとえば、スタンフォードのリーバーマン教授が書いた教科書）なら50ページ程度で済ませるところを、その2倍以上を費やす徹底ぶりである。

（二流）ビジネス・スクールの学生の数学的素養は、プアもしくはミゼラブルだから、このくらい詳しく説明しなければ脱落者が出るのだ。

200ページの中で、最も多くのスペースを割り当てられているのが、「輸送問題」である。この問題は、理論的にも実用的にも重要であるだけでなく、高校生レベルの数学的知識で十分に理解できるものなので、どの教科書にも大きく取り上げられている。

そこで、以下では数学的説明は省略して、この問題のエッセンスを説明することにしよう。

〝全米各地にある50ヶ所のビール工場から、これまた全米各地にある500ヶ所の消費地にビールを輸送する際に、どの工場からどの消費地に、どれだけのビールを運ぶのが最も安上がりか？〟。これが輸送問題である。ビール会社に限らず、商品の輸送は多くのビジネスに共通する重要なテーマである。

輸送コストを減らすには、需要地に近い工場から運んでやればいい。しかし、最も近い工場の生産能力が十分でないときには、2番目に近い工場から送らなくてはならない。また、2番目の工場の供給力が足りないときには、3番目、4番目も候補としなくてはならない。そして運が悪いと遠いところ、たとえばサンフランシスコからコロラドまで、ビール1ケースを運ぶ羽目になるかもしれない。

工場が3つで消費地が10ヶ所程度であれば、適当にやっても答えが出る。しかし、全米をカバーする大規模な問題になると、最小コスト輸送方法を求めるのは容易でない。

この問題を解くための方法である「単体法」を発明したのは、すでに何度か名前が出てきたジョージ・ダンツィク教授である。1947年に提案されたこの方法は、はじめのうちは小規模な問題しか解けなかったが、その後60年にわたる改良によって、現在では工場が50、需要地が500ヶ所程度の問題なら、パソコンを使って数秒で解くことが出来る。

ビジネス・スクールの逆輸送方式

さて、工場の供給量の合計が需要合計を上廻っているときには、（コストさえかければ）すべての需要を満たすことが出来る。つまりこの場合は、誰もが飲みたいだけビールを飲むことができる。

では、需要合計が供給総量を上廻るときはどうか。この場合、オペレーションズ・リサーチ（OR）の理論家、たとえばスタンフォード大学のOR学科で博士号を取った人に相談すれば、「すべての需要を満たす方法はありません」と宣言しておしまいである。

しかし、現場を預かる輸送担当マネージャーは、それで済ませるわけにはいかない。ではどうするか。モスコビッツ教授が推奨するのは、次のような〝ワル賢い〟方法である。

需要が供給をオーバーしているときは、需要と供給をひっくり返して、需要地から工場にビールを逆輸送する問題を考える。

たとえば、オレゴン州ポートランドにある工場の供給量が1日5万リットルで、シアトルの需要量が1日10万リットルだったとする。このとき、シアトルに10万リットルの供給能力を持つ工場があって、ポートランドの需要量が5万リットルであると読み替えるのである。

需要と供給を全部入れ替えれば、総供給量が総需要量を上廻る（そうですね！）。ここで単体法を使えば、最も安いコストで需要を賄《まかな》う輸送方法が得られる。もとの問題で考えれば、需要地から工場に向かって、総供給量に等しいビールを最も安く〝逆輸送〟する方法が得られたことになる。

ここで再び供給と需要を逆転させると、〝総供給可能量を最も安く需要地に運ぶ方法〟が得られるという仕掛けである。

はじめてこの説明を読んだとき、ヒラノ准教授は腰を抜かすほど驚いた。そして数秒後に、ビジネス・スクール的経営の本質はこれなのだ、と膝《ひざ》を打ったのである。

何でそれほど驚いたのかと言えば、この方法を使うと、どの工場からも遠い消費地、たとえばノースダコタ州やワイオミング州の人は、全くビールが飲めなくなるかもしれないからである。コストが少なくて済めば、僻地《へきち》の消費地はどうなっても構わないという、非情極まる〝資本の論理〟である。

ビールなら飲めなくても生命に別状はない。しかし、ビールでなく灯油だったらどうか。ノースダコタの人々は、凍えて死ぬかもしれない。

アメリカのビジネス・スクールには、電力供給量が不足した時、どの町から順番に電力供給をカットすればいいかという問題を研究している教授がいるという話を聞いたことがあるが、この人はモスコビッツ方式を使っているのかもしれない。

読者がアメリカに住むことになった場合、たとえ送電線が通っていても、発電所から遠い小さな町（たとえば、インディアナ州のウェスト・ラファイエット）はやめた方がいいということである。

モスコビッツ方式は、輸送コストを小さくするという意味では理に叶《かな》っている。しかし、一時的にせよ供給をカットされた消費者は、それ以後この会社のビールを買ってくれなくなるかもしれない。

日本のビール会社であれば、そのようなことはやらない。まず従業員に休日を返上して貰うなどして、生産力アップを図る。それでも間に合わないときは、社員があちこち飛び回って、顧客に消費カットをお願いする。それでもダメなら、外国から代替商品を緊急輸入して割安で販売する、エトセトラ。

いずれにせよ、秋田や熊本に1缶もビールが届かないというようなことは、絶対に避けるのではないだろうか。しかし日本と違って、アメリカの経営者は従業員と一体ではない。一般従業員の100倍以上の報酬を得ている社長が、従業員に残業して下さいと頼んだところで、それに応じてくれるとは限らないのだ。

ノースダコタの人が泣いても、大消費地を押さえておけば経営に大きな影響は出ない。ましてやビジネス・スクールでは、そうするのがベストだと教えているではないか（あとで知ったことだが、モスコビッツ方式を推奨しているビジネス・スクール用教材は、ほかにもあるということだ）。

この方法には問題が多い。しかし、ライト学部長との約束があるので、ヒラノ准教授は教科書どおりの説明を行ったあと、学生たちにこの方法に関するレポートを書いて貰った。すると、100人の学生のうち60人が、モスコビッツ方式に賛意を示した。

残りの40人は、

A　超過勤務などによって供給力増大を図る

B　消費者に一律何%かの消費カットをお願いする

C　価格値上げによって需要の自然減を狙《ねら》う

D　ビールをアウトソーシングする（例えばバドワイザーにクアーズのラベルを貼《は》って売る）

など、よりまともな方法を提案してくれた。

AとBは日本方式である。Cは経済学的には真っ当な方法だが、技術的には難しいのが難点である。なぜなら、価格を上げたときどのくらい消費が減るのか、事前には分からないからである（最近は調査方法が進歩したので、このようなデータも得られるようになったらしい）。

Dは名案には違いない。しかし、クアーズの愛飲者がバドワイザーを飲まされたら、おかしいと思うのではないだろうか（それでも、飲めないよりはいいだろうが）。

レポートを読んだ後、ヒラノ准教授はこれらの代案を紹介して、再度学生たちの意見を聞いてみた。ところが、依然としてモスコビッツ方式が最大の支持を集めたのである。

このあとヒラノ教授は、日本の大学で輸送問題を講義するたびに、学生の意見を聞くことにしたが、工学部の講義では、ほとんどの学生が、〝第一にすべきことは生産力増強〟と答えている。

一方、新潟県南魚沼市にある、「国際大学ビジネススクール」における留学生相手の講義で同様な調査を行ったところ、アメリカ人学生の大半は、逆輸送方式を支持している。

これは日本人とアメリカ人の違いなのか？　それとも、工学部とビジネス・スクールの違いなのか？　慶應《けいおう》義塾大学や一橋大学のビジネス・スクールでアンケートをとれば、どちらであるのかはっきりするはずだが、残念なことにヒラノ教授には、これらの大学で講義する機会はなかった。

一流のビジネス・スクール

ビジネス・スクールという存在を意識するようになったのは、スタンフォード大学のOR学科に留学してからである。（併任教授を含む）この学科の18人の教授のうちの3人が、ビジネス・スクールを本籍地とする人で、卒業生の多くがトップクラスのビジネス・スクールに勤めていると聞けば、気にならない方がおかしい。ビジネス・スクールの授業料は、工学部の2～3割増しで、教授の給料も工学部に比べてかなり割高である。また、ハーバードやスタンフォードなどの一流大学でMBA（経営学修士号）を取得した人たちは、一流企業に幹部候補として迎えられ、エンジニアとは比較にならない高給を取るのだそうだ。

その一方で、MBAのカリキュラムは、工学部の修士プログラムよりかなりきつそうに見えた。スタンフォードの工学部では、15科目45単位を履修すれば、修士論文を書かなくても修士号が手に入るから、企業から2年の予定で派遣されている留学生は、1年余りで単位を取り終え、余裕をもってアメリカ生活をエンジョイしていた。

これに対して、ビジネス・スクールの学生は、丸々2年にわたって膨大な資料を読んだ上で、毎週いくつものレポートを提出しなくてはならない。後に大銀行の頭取になるMBAコースの近藤克彦《かつひこ》氏は、毎日14時間勉強しても足りないと言っていた。

アメリカで最も早くMBAコースを設置したのは、ハーバード大学である。1908年に誕生したこのプログラムは、個別企業の経営実態を詳しく調べて成功の条件を見出《みいだ》すアプローチ、即《すなわ》ち「ケース・メソッド」を武器に長い間全米トップの座に君臨した。ちなみに、1950年代にMBAを取得した人の半分近くは、ハーバード出身だったという。

これに対して、ケース・メソッドは個別的経験の寄せ集めに過ぎず、変化の激しいビジネスには役立たないと批判し、理論的・分析的方法を重視したのが、ペンシルバニア大学のウォートン・スクールである。

スタンフォードのビジネス・スクールは、ウォートンの流れを汲《く》んでいるが、ハーバード以外のビジネス・スクールは、実業界の理解を得ることが出来ず、長い間低迷を余儀なくされた。

状況が変わったのは、フォード財団とカーネギー財団が、〝ビジネス・スクールの教育には、数理的・分析的手法をより多く取り入れるべきだ〟という勧告を行った1959年以降である。

1960年代半ば以降、スタンフォード大学OR学科出身のPh.D.が、次々と一流ビジネス・スクールにスカウトされたのは、数理的・分析的手法を重視し始めた時期と重なっている。

しかし数理的科目は、(数学的素養が十分でない)学生に嫌われた。馬を水飲み場に連れて行くことはできても、水を飲ませることはできないのである。

ビジネス・スクールの経営者にとって大事なのは、フォード財団の意見ではなく学生の評判である。事実、名門シカゴ大学のビジネス・スクールに勤める、スタンフォード時代の先輩・ウィラード・ザングウィル教授は、「線形計画法をきちんと教えようとすると、学生達に悪い評点をつけられる。それ以外の数理的・計量的科目も評判が悪いので、カリキュラムの隅に追いやられる傾向がある」とボヤいていた。

二流のビジネス・スクール

一流大学のポストを狙っていたOR学科の同期生は、ベスト20以下のビジネス・スクールを敬遠する傾向があった。それは教授や先輩から、二流のビジネス・スクールに関する失望すべき現実を聞かされていたからである。

数学的素養はプアを通りこしてミゼラブルな学生たち。研究より教育を、そして理論より実用を重視するカルチャーは、高級な数学理論を駆使して、先端的な理論研究でPh.D.を取った人たちにとって、住み心地の良い環境とはいえない。

OR学科の卒業生は、労力がかかる割に論文を書きにくい応用研究より、理論研究で業績を挙げたいと考える傾向が強いのである。またビジネス・スクールの主たる任務は職業人養成だから、大半の学生はMBAを取得したあと企業に就職し、博士コースに進んで研究しようとする学生は少数である。

数学や文学のように、1人で論文を書くのが当たり前の分野と違って、工学系の研究者は研究を進める上で、博士課程の優秀な学生の協力が欠かせない。

そこで、ビジネス・スクールに勤める情報システムの専門家は計算機科学科の教授を、また金融理論の専門家は経済学科の教授を兼務するなどして、優秀な博士課程の学生の確保に努めるのである。アンディが、計算機科学科と経済学科の教授を兼務している理由はこれである。

では一流ビジネス・スクールには、このような問題はないのだろうか。スタンフォードやコロンビアの理工系出身の教授たちのほとんどすべてが、他学科（OR学科や経営工学科など）の教授を兼務していることからみると、一流どころといえども、状況はそう違わないのではなかろうか。

パデューの学生たちは、「いい仕事にありつけるのはベスト10大学の出身者だけで、この大学の卒業生は、地元の中小企業に勤める人が多い」と言っていた。ベスト10（もしくはベスト20）とそれ以外の大学には、大きな格差があるのだ。

何としても、ベスト20組のインディアナ大学に追い付きたいと考えるライト学部長は、次のように言っていた。

「この大学がビジネス・スクールではなく、マネージメント・スクールを名乗っているのは、組織のマネージメントについて、バランスの取れた教育を行うという方針の表われです。またビジネス・スクールを名乗ると、ハーバード流のケース・メソッドを連想する人が多いので、学生の誤解を招かないためにも、マネージメント・スクールを名乗った方が適切だと判断したのです。

ケース・メソッドを全面的に否定するわけではありません。しかし、それだとハーバードの亜流になってしまいます。われわれはこの大学の強力なリソース、即ち全米でトップクラスの工学部と協力して、技術的な面にも明るい学生を育てたいのです」と。

工学系の分野との連携を強く打ち出して成功しているのは、MIT、ノースウェスタン、カーネギー・メロン、ペンシルバニアなどである。もともとハーバード流のケース・メソッドに懐疑的だったヒラノ准教授は、クラナート・スクールの方針に共感を覚えた。

一流への遠い道のり

しかし現実は厳しい。アンディは言っている。

「学部長は、任期中にインディアナ大学を抜いてトップ20、出来ればベスト10に食い込みたいと言っている。しかしそれは簡単ではない。この学科でも、過去2年間に優秀な若手を2人招聘《しょうへい》し、計量部門と情報部門の強化を図ったが、優秀な若手が実績を挙げると、よりランクの高い大学に引き抜かれてしまう。実力教授を4～5人まとめて連れてくれれば、トップ20入りが見えてくるが、ランクが低い大学にはなかなかいい人が来てくれない」と。

ランクを上げなければいい人が定着しない。いい人が定着しなければランクが上がらない。後発大学が抱える悩みは、日本もアメリカも同じである。

しかし、日本と違ってアメリカでは、状況がドラマチックに変化する可能性がある。大学当局（理事会）が、特定の部門を強化すべきだと判断すれば、そこに大きな予算をつけて、全国各地から有力教授を引き抜けばいいからだ。

スタンフォードのOR学科や計算機科学科は、この方針のもとでたちまち世界一になったのである。筑波の計算機科学科もこれを狙っていたが、実際にはうまくいかなかった。陸の孤島には、なかなかいい人がきてくれなかったからである。

では、パデュー大学でそのようなことは可能だろうか。答えは〝恐らくノー〟である。スタンフォードの場合は、新設学科だからこれが出来たのである。パデュー大学も、1950年代にクラナート・スクールをスタートさせるとき、カーネギー工科大学からアブラハム・チャーンズ教授など有力な人をスカウトした。

しかし残念なことに、有力教授は間もなく大都市にある、ノースウェスタン大学やペンシルバニア大学に引き抜かれてしまった。

（2010年にノーベル化学賞を受賞した）根岸英一教授のような研究一筋の人と違って、企業に対するコンサルティング活動で副収入を稼ごうとするビジネス・スクールの教授にとっては、ウェスト・ラファイエットのような人口2万程度の田舎町より、シカゴやフィラデルフィアのような大都市にある大学の方が遥《はる》かに魅力的なのだ。

優秀な若手をスカウトしても、業績を挙げればランクの高い大学に引き抜かれるということは、ここに留まっている年輩教授のかなりの部分は、どこからも引きがなかった人たちではなかろうか。

これらの覇気がない教授たちが反対すれば、理事会が如何《いか》にテコ入れしても、成功は覚束《おぼつか》ないのである。

7 経歴詐称《さしょう》

筑波大学計算機科学科

心理学者のジョージ・ミラーの、〃魔法の数字、7プラス・マイナス2〃という法則によれば、1人の人間が同時に処理できる情報は7つ（プラス・マイナス2）が限度だという。コンピュータ用語で言えば、人の脳には多くても9つのレジスターしか備わっていないということである。

10人を相手に将棋をさすことが出来た大山康晴《やすはる》名人（この人が達成した通算1433勝の記録はいまだやぶられていない）は10個の、9つの小説を同時に執筆したミステリー作家の松本清張氏は、9個のレジスターを持っていたのだろう。

パデュー大学への出張が決まった79年2月、ヒラノ助教授の4つのレジスターは、ややこしい問題に占拠されていた。第1と第2のレジスターには、8年越しの超難問

〝双線形計画問題〟が、第3、第4のレジスターには、それぞれ〝国際A級学科の領土紛争〟と〝万年助教授問題〟が居座っていた。

つまりヒラノ助教授は、残り2つか3つのレジスターで、7科目の講義、年収の5倍近いローンの返済問題、家賃を払ってくれない借家人問題、子供の教育問題、親の介護問題など、もろもろの難問群を処理していたのである。

〝研究〟とは、脳の中に詰め込んだ知識を外界から入ってくる情報と結合して、新しいものを生み出すプロセスである。このためには、レジスターが1つか2つ空いていることが必要だが、ヒラノ助教授のレジスターには、ここ数年全く空きがなかったのである。

筑波大学に第1号助教授として採用されたヒラノ青年は、30代のうちに赫々《かっかく》たる業績を挙げて、40代の余り遅くならないうちに教授になり、誰にも干渉されることなく研究に専念したいと考えていた。

筑波大学の計算機科学科は、〝一流の研究者が研究と教育に専念できる国際A級学科〟になるはずだった。しかし、この学科は、〝二流の研究者が雑務と権力闘争にエネルギーを使い果たす場所〟になってしまった。

このようなことになった理由は山ほどあるが、最大の理由は優れたリーダーを連れてくるのに失敗したことである。新設学科を成功に導くためには、傑出したリーダーが一貫した理念のもとに優秀な人材を集め、責任をもって学科をマネージすることが必須《ひっす》の条件である。

たとえば、1967年に設立されたスタンフォード大学のOR学科は、ジェラルド・リーバーマンという優れたオーガナイザーが、ケネス・アロー、ジョージ・ダンツィク、ルドルフ・カルマンなど、ノーベル賞級の研究者を招いて、学科設立時点で世界のトップを窺《うかが》う位置につけた。

新設学科には様々な雑務が付きものだが、学科主任のリーバーマン教授と副主任のリチャード・コトル准教授、そして有能なセクレタリーがこの種の仕事を一手に引き受け、それ以外の教授には、研究と教育に専念できる環境が用意された。

誰が考えても分かることだが、世界的な研究者に雑務をやらせるのはばかげている。仄聞《そくぶん》したところでは、10人の教授が集まって〝会議〟を行うのは、週1回ランチ・タイムだけだという。

10人中8人が気心の知れた仲良しのユダヤ人同士だから、これで済んだのだろう。しかし、多数派には良くても、少数派にとっては住みにくいところだったかもしれない。

筑波大学は、アメリカの一流大学を手本として、〃国際A級大学〃を目指すと聞いたヒラノ助教授は、日本にもスタンフォードのような大学が出来るのだと考えた。しかしそこでは、あちこちの大学から乗りこんで来た野心満々の教授たちが、予算・人事・カリキュラムをめぐって争いを繰り返し、離合集散、昨日の友は今日の敵、敵の敵は味方……。学科内は3つに割れ、収拾がつかない混乱に陥った。

そしてこの混乱に乗じて、物理帝国が領土強奪作戦を発動させた。大学発足の時点から入念に組み立てられたこの作戦はまんまと成功し、7人分の教員ポストが物理帝国に献上されることになってしまった（このあたりの事情は、『工学部ヒラノ助教授の敗戦』〔青土社、2012〕で詳しく紹介した）。

ティーチング・マシーン

一流国立大学の工学部の場合、1人の教員が担当する講義は、最大でも90分講義週3コマ程度である。これはパデューにおける75分講義4コマとほぼ同じである。ヒラノ助教授が週7コマの講義を担当していたと聞けば、一流大学の教員は驚くだろう。

これだけ多くの講義を担当することになったのは、教員組織と学生組織を切り離すという新構想が、特定の教員にロードが集中する結果を招いたからである。学科主任から、「ほかに適当な人が居ないので、君にやってもらうしかない」と言われれば、断るより引き受ける方が簡単だ。7人分のポストが失われた影響はこれだけではない。40代の余り遅くないうちに教授になる可能性も完全に消えた。

国立大学では、教授の定員は厳密に規定されているから、学士院賞のような大きな賞でももらわない限り、助教授は教授ポストが空かなければ教授になれない。ところが、全国各地からやって来た教授のほとんどは40代の若手だから、20年近く待たなければ教授ポストは空かない。〝40代の遅くならないうちに教授になる〟ためには、よその大学に転出する以外に道はないのである。

普通の国立大学では、教授は講座に関する全権を持ち、誰からも干渉されずに自分のやりたい研究が出来る。一方、助教授の運命は教授次第である。有能で人柄がいい教授の下で働く助教授は幸せ者である。研究費は教授が運んできてくれるし、外敵から守ってくれる。教授や学生たちと協力して論文を量産し、教授が定年退職したあと40代半ばには、一国一城の主《あるじ》になることが出来る。

これに対して、無能もしくは人柄の悪い教授の下で働く助教授ほど不幸なものはない。研究の自由が無いから業績は上がらない。そして教授の尻拭《しりぬぐ》いに追われる日々を送ったあと、教授が定年退職した後は、先代の恨みを背負って暮らす羽目になるのである。

筑波大学はこのような弊害を除くために、講座制を廃止した〝新構想大学〟である。そこでの助教授は独立した研究者として、教授の干渉を受けることなく自由に研究・教育に集中できるはずだった。

しかし、実際にはそうならなかった。ひとたび紛争が起これば、助教授を守ってくれる防護壁は何もないから、火の粉は四方八方から降ってくる。教授たちが離合集散を繰り返す学科の助教授は、時化《しけ》に翻弄《ほんろう》される小船のようなものである。

このような組織で、右顧左眄《うこさべん》して10年以上暮らしたら、教授になったころにはエネルギーを使い果たしている。

国外逃亡

ここで救いの手を差し伸べてくれたのがアンディである。筑波大学が主催したシンポジウムのパネリストとして日本を訪れたアンディが、ヒラノ助教授の悲惨な境遇に同情して、サバティカル休暇を取るモスコビッツ教授の代役として、パデュー大学に招いてくれたのである。教育・雑務生活から抜け出す絶好のチャンスである。

当初アンディから届いた手紙では、ヒラノ助教授は客員〝教授〟として招かれることになっていた。アメリカでは、39歳の〝正教授〟は珍しい存在ではない。アンディのように、20代で冠教授になった人もいる。

しかし日本の大学では、40歳になる前に教授に昇進する人は極めて少ない。東大工学部20年ぶりの秀才と呼ばれた伊理正夫博士ですら、教授になったのは40歳を超えてからである。

クラナート・スクールは、全米ビジネス・スクール・ランキングでは20位以下の二流校である。しかし、エンジニアである学科主任はそんなことは知らない。〝全米ベストスリーの工学部を抱えるパデュー大学に、教授として招かれるのはすごい〟。かつて、パデューよりややランクが低いテキサス大学工学部に勤めたことがある学科主任は、こう思ったようだ。

しかし、ティーチング・マシーンが1台減ると、誰かが授業を負担しなくてはならない。そこで、1年間の招待期間を半分に短縮した上で、講義に穴が空かないように、出かける前とあとに5割増しの講義を行うことで、学科会議の了承を得たのである。

ところが、このあと厄介なことが起こる。出発直前に届いたゴードン・ライト学部長の正式招聘状には、正教授ではなく准教授と記されていたのである。

ヒラノ助教授の研究業績をチェックした学部長が、正教授の条件を満たしていないと判断したためだろう。実際ヒラノ助教授は、3年にわたって教育・雑務マシーン生活を送っていたため、ほとんど論文を書けなかったのである。

〝正教授ではなく准教授でした〟と報告し直すべきか。准教授だということが分かっても、出張許可が取り消されることはないとしても、面目はマル潰《つぶ》れである。〝報告すべきか、せざるべきか〟。ヒラノ助教授はハムレットの心境だった。さんざん悩んだ挙句の結論は、〝報告しない〟だった。

厳密に言えば、これは〝経歴詐称〟である。しかし、出張申請した時点では〝正教授〟として招待されることになっていたのだから、事務的な手違いだったと言えば通るのではないか。

それに一流の工学部ならともかく、二流のビジネス・スクールに、知り合いが訪ねて来ることはないだろう。誰も来なければ、ばれる心配はない。

ところがこの世の中では、起こらないはずのことでも起こるのである。

8 ポポロ先生

アメリカのアパート事情

懸案だったアパート問題は、あっさり解決した。学部長秘書に相談したところ、この人の父親が所有する家具つきの1ベッドルーム・アパートを、月450ドルで4ヶ月間貸して貰《もら》えることになったのである。

6年前に人口17万のマディソンに住んでいたときは、2ベッドルームのアパートが月350ドルだったから、この程度のアパートなら300ドル程度で借りることができたはずだ。つまり、ガソリンや食料品だけでなく、住居費もこの5年で50％近く上昇したのである。

アパートには、日常生活に必要なものは大体揃《そろ》っていたが、問題はテレビがないことである。そこで学生新聞の広告を見て、月10ドルでレンタルしたところ、運ばれてきたのは、チャンネル選択ハンドルが壊れている10年前の白黒パナソニックだった。文句を言うと、「ペンチを使ってハンドルをまわせばいい。何なら月1ドルで貸してやる」とのたまう。格差社会アメリカには、毛布も車もピンからキリまであるが、壊れたテレビを他人に賃貸する中国人留学生には呆《あき》れた。

アパートからクラナート・ビルまでは歩いてちょうど15分、商店街までは約10分の道のりである。大学からの帰路、この商店街で夕食の材料を買ってアパートに持ち帰る。肉や野菜はともかく、問題はビールである。

アメリカには、ビールもこれまたピンからキリまであって、ブランド品のバドワイザーやクアーズなどは、350mlの缶6個で1ドル69セント、当時の円・ドルレートで400円くらいしていた。これでも日本の半額だが、セールのときは、地元メーカーのビールを24缶3ドル（1缶30円）で特売する。アルコール分は3％程度だが、ヒラノ准《じゅん》教授にはこれで十分だった。

24缶をぶら下げて帰るには重すぎるので、半分の12缶を買おうとすると、これが1ドル50セントではなく、2ドル50セントなのである。〝ここで4本飲んでしまえば、運べるのではないか。それでも重すぎれば、途中でもう2本飲むとしようか〟。さんざん迷った挙句、12缶を抱えて帰るのだが、そのほかにメロンを買うと、10分の道のりが20分になる。

外国での1人暮らしは、ストレスがたまる。車があれば問題の半分はクリアされるが、4ヶ月程度で車を買うと大損害を蒙《こうむ》る。中古車相場は、新学年が始まる8月が最高値で、(帰国予定の)12月末には3割引きでも売れない。したがって、必要に応じてレンタカーを借りた方が絶対安い。

中年男の2人暮らし

ここに舞い込んだのが、かねてからの知り合いである、山田正彦教授(仮名)の手紙だった。〝9月半ばから11月末までの2ヶ月余り、インダストリアル・エンジニアリング学科(日本で言うところの経営工学科)に客員研究員として滞在することになったので、よろしくお願いします〟という内容だった。

ちなみにこの大学の経営工学科は、二流のマネージメント・スクールと違って、全米ランキングでトップに位置づけられている名門学科である。

10歳年上の山田教授とは、学会で顔を合わせると会釈《えしゃく》を交わす程度の間柄だが、慶應義塾出身とは思えない腰の低い人だった。

陸軍幼年学校に入学した山田少年は、陸軍大将を夢見る軍国少年だった。幼年学校に入学できるのは、知力・体力共に優れたエリート中のエリートだけである。

将来を約束されたはずだった少年は、敗戦によって夢を砕かれた反動で、左翼青年に変身した（共産党員だったという説もある）。終戦直後の日本では、知的水準の高い人ほど左翼思想に共鳴する傾向があったことを考えると、これは自然な成り行きだったのだろう。

養老孟司《たけし》先生によれば、敗戦でショックを受けた若者の多くは、〝確実なもの〟を求めて技術者や医者になったということだが、山田青年はその例に洩《も》れず、東京大学の機械工学科に入学した。

ここに起こったのが、「ポポロ事件」である。昭和27年2月、東大の学生劇団「ポポロ」の反植民地デー公演に紛れこんでいた本富士警察署の私服警官が、学生から警察手帳を取り上げられた上に、暴力行為を受けた。これに対して、検察が学生を起訴したのがポポロ事件である。

〝学問の自由、大学の自治〟という大問題にかかわるこの裁判は、大きな論争を呼んだ。1、2審の無罪判決に対して検察が控訴《こうそ》し、最高裁が原判決を破棄、地裁へ差戻したのち有罪となり、21年後の昭和48年、学生の劇団活動は学問の研究にはあたらないという理由で、最高裁が上告を棄却して有罪が確定した。

有罪になった学生は2人だけだった。しかし、山田青年はこの事件に連座したのが原因で、大学を退学せざるを得なくなった。

何年か後に、山田青年は慶應義塾大学で修士号を取り、東京近郊の私立大学にポストを得た。専門はスケジューリング理論で、パデュー大学のシモン・ノフ教授（名前から考えると、この人もユダヤ人である）とは、研究上の情報交換をしてきた間柄だということだった。

手紙を読んで思いついたのは、2ヶ月余りの滞在期間、自分のアパートに住んで貰ってはどうかということだった。短期滞在の場合、アパートを借りるのは得策ではないし、そうかといってホテル暮らしは高くつく。

この提案は、両者にとっていい取引のはずだった。ヒラノ准教授は1人暮らしのリスクを回避できるし、先方も無駄なコストを節約できる。問題は、ベッドが1つしかないことである。ベッドルームにもう1つベッドを入れて、2人1部屋で寝るか。しかし、そんなことをすると、管理人から疑われること必至である。

アメリカでは、ゲイは珍しい存在ではない。だから男が2人で暮らしていると、それと疑われる。ましてや、同じ部屋で寝ているとなれば完全にクロである。

では2人別々に寝るとして、どちらがベッドルームを使うか。無料で提供するのであれば、リビングで寝て貰って当然だが、2ヶ月以上タダとなると相手も気にするだろう。散々悩んだが、相手の立場に立った途端に答えが出た。

〝自分がベッドルームを使い、ポポロ先生がリビングに簡易ベッドを置いて寝る。どうせ客なんか来ないのだから、ダイニングをリビングとして使えばいい。賃料は3分の1の月150ドルでどうだろう――〟。

こう考えたヒラノ准教授は、山田教授に手紙を書いた。そして、それを郵便ポストに投函《とうかん》した瞬間に思い出した。到着した時点では用心していたが、この大学には日本人がほとんどいないことが分かったあと、すっかり忘れていた〝経歴詐称問題〟である。知り合いの日本人が来ることになった上に、迂闊《うかつ》にも自分の方から部屋の提供を申し入れてしまったのである。厄介なことになったが、ひとたび提案したことを引っ込めるわけにはいかない。

仏様と厄病神

10月初め、ヒラノ准教授は雷雨の中を、飛行場までポポロ先生を迎えに行った。プロペラ機は大揺れに揺れただろう。しかし、タラップから降りてきた先生はケロッとしていた。

「雨の中どうもどうも。これからいろいろお世話になります」

「お久しぶりです。揺れたでしょうね」

「揺れましたよ。しかし、プロペラ機はちょっとやそっとのことじゃ落ちません。それよりシカゴまでのジェット機の方が心配でした」

「そうですか。プロペラ機の方が安全なんですか」

人間は、自分が生まれた後に出現した機械より、生まれる前から存在していた機械の方に安心感を持つということだが、この人は幼年学校時代に、プロペラ機に乗ったことがあるのだ。

「それより、英語が通じないので大弱りですよ。あなたがここにいてくれるのは、地獄に仏だなあ」

仏様にされたヒラノ准教授にとって、山田教授は厄病神である。これから先2ヶ月間、経歴詐称がばれることを心配しながら暮らさなくてはならないのである。

昭和5年生まれの山田教授は、鬼畜米英カルチャーの中で少年時代を過ごした。英語の読み書きは勉強したが、後にアメリカで暮らすことになるとは考えもしないから、会話に投資する時間はなかった。

鬼畜米英と教えられた軍国少年、そして戦後の反米左翼にとって、アメリカは二重の意味で敵国である。10年前であれば、アメリカはこの人にビザを出さなかっただろう。そのような人が、50歳近くになってアメリカで1人暮らしすることになるとは、何とも皮肉な運命である。

飛行場からタクシーでアパートに直行し、地元ビールで乾杯したあと条件を提示した。

「9時から6時までは邪魔しないようにしますので、済みませんが先生はこのベッドで寝て頂けませんか。ここの家賃は、ユーティリティー（電気代、ガス代など）込みで月400ドルですが、150ドル払って頂ければ結構です。それから、食費は折半ということではどうでしょうか」

「それじゃ申し訳ないですよ。半分は出さなくちゃ」

「分かりました。それでは200ドル頂きましょう」

これで契約成立である。実際の家賃は450ドルだが、このあたりが妥当なところではなかろうか。

パデュー名物は退屈

ウィーンに単身赴任していた際、宿無しのイタリア人青年にリビングルームを貸してやったとき、管理人は何も言わなかった。2人の男が1つ屋根の下で暮らしても、ゲイだらけのウィーンでは、誰も問題にしない。

ところがアメリカは違う。ましてやここインディアナは、アメリカの中でも特別に保守的な土地である。「プロフェッサー・ヤマダが、しばらくの間同居することになったのでよろしく」と紹介したところ、管理人のおばさんは、“Son of a bitch!”と吐き捨てた。これは、アメリカで最も下品な侮蔑《ぶべつ》の言葉である。

一瞬のうちにヒラノ准教授は、相手が何を考えているのか理解したが、ポポロ先生はケロッとしていた。幸い、この言葉が何を意味するか知らなかったのである。

もしヒラノ准教授が居なければ、ポポロ先生はどうやって2ヶ月を暮らしただろうか。カリフォルニアであれば、英語を話せなくても、日系人や日本人留学生が沢山居るからどうにかなる。しかしこの大学には、日本人留学生はほとんどいない。

西海岸や東海岸の大学に比べて、中西部の大学は日本人には人気がない。しかも、一流の工学部ならともかく、全米ランキングで30位程度の二流大学に留学しようとする人はいなかったのである。

ウエストとイーストを合わせて人口7万程度のこの町には、大学以外には何もない。7万と言えば、日本では長岡京市、鳥栖《とす》市、気仙沼市の規模である。一般に文化施設を維持するためには、20万の人口が必要だと言われる中で、その3分の1では何もなくて当然である。

しかも長岡京であれば、近郊に京都という大都市がある。ところが、ウエスト・ラファイエットの場合は、150キロ南のインディアナポリスか、200キロ北のシカゴまで行かなければ、劇場もコンサート・ホールも無いのである。150キロ先と言えば、東京から静岡より遠い。勉強以外にすることが無い大平原の中のこの町の名物は〝退屈〟だった。

2010年にノーベル化学賞を受賞した根岸英一教授は、1979年に赴任して以来30年以上この大学で過ごしたそうだが、研究が趣味の教授はともかく、このようなところに1万日以上暮らしてもおかしくならなかったミセス根岸には頭が下がる。

救世主

ヒラノ准教授が地獄の仏なら、ポポロ先生はヒラノ准教授の厄病神兼救世主だった。なぜならヒラノ准教授にとって、1人暮らしほどいやなものは無かったからである。

ウィーンで暮らした半年、週に3回アパートに女を連れ込むドン・ファンに大迷惑を蒙ったが、それでも1人暮らしよりましだった。なぜなら1人だと、バスタブの中で死にかけて大声を上げても、誰も助けてはくれないからである（実際ヒラノ准教授は、ウィーンのアパートで、給湯器から吹きだした熱湯を浴びて死にかけたことがある）。

だから、ポポロ先生が夜中にどれほどイビキをかこうが、どれほど長湯をしようが、またどれほどケチだろうが、それは我慢しなくてはならないと考えていたのである。

ところがこの人は、ルームメートとして理想的な人だった。善人という言葉は、この人のために用意されたものである。その上、この人はとても料理が上手だった。魚屋で大きな（汚染物質だらけの五大湖から流れ下った）シーバスを買ってきて、それを3枚に下ろしてソテーをつくり、残りは翌日フライにするといった芸の持ち主である。しかも、その手つきが見事なのだ。

「凄《すご》いですね。どこかで習ったんですか？」

「別に習ったわけじゃないけど、毎日やっているうちに自然に身についたんですよ」

「毎日やっていたんですか？」

「僕は6人きょうだいの長男なんだけど、両親が東京大空襲で死んだので、弟と妹の面倒を見ていたんですよ」

昭和20年3月の大空襲で、親を亡《な》くしたのか。鬼畜米英から反米左翼にシフトした理由はこれで分かった。親戚《しんせき》の援助があればともかく、戦後のあのドサクサをどうやって暮らしたのだろう。

しかも驚くべきことに、この人は5人の弟妹たちの面倒を見ながら東大に入ったのだ。ポポロ事件さえなければ、東大教授か大企業の経営者になっていたかもしれない。

「6人分の食事を作っていたんですか？」

「そう。それと4人分の弁当もね。大きなサバを4本買ってきて、今日は味噌《みそ》煮《に》、明日はムニエルといった具合で、本当にサバにはお世話になりました。2〜3年したところで妹が代わってくれましたが、料理は楽しいものですよ。あなたも少しやってみたらどうですか。僕は機械や電気の人に比べて、エンジニアとしての素質では負けるけど、料理は機械以上に独創性が要求されるモノヅクリだと思っています」

「機械より料理というのはわかりますね。僕なんか、ハムエッグとチャーハンくらいしか作ったことがないけど、今もお宅でやっていらっしゃるんですか？」

「今じゃ女房任せだけど、英語と違って、こういうのは身に付くというか、一度覚えたら忘れませんね」

「でもそれは、3年間主夫をやっていたからでしょう。あの包丁さばきは、そう簡単には身に付きませんよ。それに味付けもバッチリで、久しぶりにおいしいものを食べさせて頂きました」

「じゃあ、居候《いそうろう》させてもらっているお礼に、僕が夕食を作りましょう」

「申し訳ないなあ。じゃあ僕は助手をやらせてもらいます。買い物と皿洗いも僕がやります」

「ディール（契約成立）」

この日以来、ヒラノ准教授はポポロ先生の大ファンになった。食事の後はシャワーを浴び、24缶3ドルのビールを飲みながら、ハンドルがぶっこわれた白黒テレビでニュースを見て、9時には個人の時間に戻る。

朝は簡単な朝食を済ませたあと、ヒラノ准教授が先にアパートを出た。2人揃って出勤すると、管理人に怪しまれるからである。9時から5時まで仕事をやって、渡されたメモをもとに買い物を済ませ、6時少し前にアパートに戻ると、すでに食事は出来上がっている。今日買ったものは、明日の晩の材料になるのである。

ヒラノ准教授は料理はダメでも、買い物は嫌いでなかった。次男が生まれてからは、いつも妻の代わりに買い物をやっていたが、一向に苦にならなかった。問題は必要以上に買いすぎることだが、食べ盛りの子供たちと協力して、妻が作る料理をすべて平らげた。

アメリカでの良き夫の条件は、1に胃袋、2に胃袋、3、4がなくて5が胃袋だといわれているが、ヒラノ准教授はその意味では理想的な夫だった。

ポポロ先生が作る料理は、どれも食べ残すにはおいし過ぎた。とんかつ、シチュー、ポークソテー、ビーフ・ストロガノフ、エトセトラ、エトセトラ。ヒラノ准教授は皿となべが空になるまで、すべてを完全に食べきった。ポポロ先生は、このような男を見て、

「こんな食いしん坊は見たことないなぁ」と呆れていた。

ヒラノ准教授が昼食をまともに取らなくなったのは、この頃からである。夜に満腹になるまで食べた上に、昼まできっちり食べたら、75キロの体重は年末までに80キロを上回る。

もちろん食べていただけではない。約束どおり皿洗いはやったし、早く帰ったときには、キャベツの千切りくらいは手伝った。またその間に、魚を3枚に下ろしてシ

オ・コショーする技術を盗み取った。そしてここで習得した技術が、後年妻が難病を発症してから役に立ったのである。

ポポロ先生は家族を残して来ても、特段淋《さび》しそうな素振りは見せなかった。弟妹の話はしてくれたが、自分の家族については何も聞かせてくれなかった。もしかすると、この頃すでに奥さんとうまく行っていなかったのかもしれない。そしてこの人は、数年後に再び自分で料理する身分に戻ってしまうのである。

料理のお礼に、ヒラノ准教授はポポロ先生に最大限の〝リップ・サービス〟を提供した。トラベル・エージェント、銀行、大学の事務局、そして様々な買い物に付き合って、不利にならないよう英語でやりあうのはヒラノ准教授の役割だった。

また、週末にレンタカーでイリノイ大学を見学に出かけたり、シカゴに遊びに行ったりするときは、運転もホテルとの交渉もヒラノ准教授が担当した。費用は折半だが、一言で言えばヒラノ准教授はポポロ先生の私設秘書を務めていたのである。

家政学博士の逆鱗《げきりん》

2ヶ月の共同生活はまことに平穏なものだった。ところがヒラノ准教授は、1回だけこの人に大迷惑をかけてしまった。

その事件は、ポポロ先生のホスト役であるシモン・ノフ教授の家で起こった。ノフ教授の家はウィンストン邸の近くにある豪邸で、（同じユダヤ人ということもあって）夫人同士親しい関係にあったようだ。

ノフ教授は、ヒラノ准教授とほぼ同じ年頃で、スケジューリング理論の若手実力者である。そして奥さんのナヴァ女史は、インディアナ大学で博士号を取った才媛《さいえん》である。あまり好きなタイプではないと思いながら、ヒラノ准教授は寡黙《かもく》なポポロ先生の分まで、夫人のお相手を務めた。

ところが、食事が終わって日本における家政学（household economics）の位置づけを尋ねられて、

「あれは嫁入り前のお嬢様が、よき家庭婦人になるためにやるものです」と言った途端に、爆弾が炸裂《さくれつ》した。

「そのようなことを言うから、日本人男性は女性を蔑視していると言われるのです！」

「でもあれって、育児とか、家事の切り盛りについてやるんでしょう。だから家政学科の卒業生は、いい奥さんになると言われているんですよ」

「失礼な。私はhousehold economicsでPh.D.を取りましたが、そのようなものでは、、、絶対にありません」

「――――」

ヒラノ准教授はもちろん、ポポロ先生もノフ教授もおろおろするばかりである。こうなったらもう何を言っても無駄である。30分後、2人はほうほうの態でノフ邸から脱出したが、この時以来ポポロ先生は、ノフ邸に出入り禁止処分になったらしい。

まさか家政学博士とは知らないから、バカ正直に日本の実態を述べたつもりだったが、これは日本人男性の認識不足なのかもしれない。

不安を覚えたヒラノ准教授は、この本を書くにあたって、インターネットで「家政学」を検索してみた。その結果分かったのは、以下のような事実である。

まずナヴァ夫人のhousehold economicsは、経済システムにおける家計の役割などを研究する経済学の1分野であって、その創始者の1人で、〝結婚の経済学〟で有名なゲーリー・ベッカー教授（シカゴ大学）は、1992年度のノーベル経済学賞を受賞していること。

また日本で言うところの家政学（ホーム・エコノミクス）は、家庭を中心とする人間生活を科学的に分析する学問で、「日本家政学会」は60年以上の歴史を持ち、会員3

000名を擁すること。

ナヴァさん、そして家政学関係者の皆さま、ヒラノ准教授の不明をお赦《ゆる》し下さい。

9 アメリカ式パーティー

大米国・中流・小市民のパーティー

アメリカ社会を特徴づけるものは何か？ マクドナルドに代表されるファスト・フード、プール付きの広壮な住宅、（過度の）親切、自動車とフリーウェイ（無料の高速道路）、拝金主義、訴訟社会、競争社会などいろいろなものがある中で、1つだけといわれれば、ヒラノ准教授は〝パーティー〟をあげる。

ここで言うパーティーとは、〝数組以上の夫婦が、個人の家に集まって行うもの〟で、ホストが2～3人の友人を招いてご馳走《ちそう》するものや、多くの人がどこかに会場を借りて会食するものは除外する。

60年代末に留学生としてアメリカに渡ったヒラノ青年は、最初の2ヶ月ほど民間研究所に勤めるエンジニア、ラルフ・ブラウン氏宅に下宿していた。そしてその間に2

回のパーティーに遭遇している。

1回目は、カレン夫人が高校時代の友人夫婦4組を招いて行ったインフォーマルなもので、夫人たちは食事のあと、持ち寄った学生時代のスライドを壁に写してキャアキャア騒いでいた。夫たちは、カリフォルニア・ワインを飲みながら、このような(つまらない)ものに付き合っているのだから偉い。

2回目は、ブラウン氏が上司と同僚十数人を招いて行ったフォーマルなもので、ブラウン夫妻の緊張ぶりは傍目《はため》にも明らかだった。

工業高校卒のブラウン氏は、いつ解雇されないとも限らないと言っていた。アメリカでは、上司の「君は僕と合わないからやめてくれ」という一言で、首を切られるのは珍しいことではないから、ここでご機嫌を損ねると大変なことになる。

80年代に大手電機メーカーの米国子会社社長をつとめた大学時代の友人は、「君は能力がないからやめてくれと言うと、訴えられる場合がある。しかし嫌いだからやめてくれと言えば、大体の人はやめる。俺はこれで800人の首を切った」と言っていた(恐ろしい国ですね)。

余り愉快なパーティーではなかったし、宿題をやらなければならないので、はじめだけ出て途中で退席しようとしたところ、上司夫人が壁にかかっている掛軸の文字を解読してほしいという。

どうせ分かるはずはないから、適当なことを言ってごまかしたが、親日家のカレン夫人にはバレてしまったかもしれない。米国留学には、英語だけでなく日本文化に関する基礎知識が必要とされる所以《ゆえん》である。

自宅でのパーティーのほかに、ブラウン夫妻は外のパーティーに3回出かけている。何でそんなことまで知っているのかと言えば、生後6ヶ月の息子のベビー・シッター役を頼まれたからである。

6畳ほどの部屋を、夕食つきで月50ドルという破格の条件で借りている留学生としては、家主から頼まれたことを断るわけにはいかない。当時のベビー・シッターの報酬は、時給3ドルが相場だったから、1回5時間とすると15ドル、2回なら30ドルである。これを足し合わせると、下宿代は実質的に月80ドルに達する（これだと決して安くない）。

自宅での2回、外での3回を合わせると、ブラウン夫妻は2週間に1回ずつパーティーに参加していたことになる。この人は典型的な大米国・中流・小市民だから、他の中流市民も似たような生活をしているものと推測される。

ヒラノ青年が経験したパーティーには、2つの形式がある。1つはホストがすべてを用意し、客はワインや花束などを持って出かけるフォーマル・タイプ。もう1つは、ホストが飲み物やサラダを用意し、客が1品以上の手作り料理を持って集まるポットラック・パーティーである。

ポットラック・パーティーは親しい友人たちの集まりに多いが、だからと言って気を抜くわけにはいかない。自分の料理に誰も手をつけてくれなければ、作者のプライドはずたずたになる。

フォーマル・パーティーは、概《おおむ》ねウィークエンドの6時頃に始まり、9時には終わる。カレン夫人から教わったパーティー心得は、定刻前には扉を叩《たた》いてはいけないこと、あまり遅くまで居残っていてはいけないこと、の2つである。

ホスト夫婦は、最後の瞬間まで準備に忙しいし、後片付けに時間がかかるからである。コツは10分ほど前に着いて、近所を一回りして時間をつぶし、パーティー開始後5分以内にドアをノックすること、そして客が半分になるころには帰ることである。

フォーマル・パーティーの場合、ホストの気苦労はポットラック・パーティーの10倍にはね上がる。特に上司を招くような場合には、ホストは食事のメニューや席順をどうするかについて多大な時間を投入する。上司（とその奥さん）にうまく取り入るためには、様々な工夫が必要なのである。

準備に最も時間がかかるのは、家のクリーニングである。特に大事なのは、客のコート置き場になるベッドルームである。ホステスは何日も掛けて、入念に家中のクリーニングを行うのだそうだ。アメリカの離婚率が高いのは、このときのストレスが原因で発生する夫婦喧嘩《げんか》が元になっているという説もある。

一方、パーティーに招かれる側はどうかと言えば、着ていく服やお土産に気を使うし、1回よばれたら数ヶ月以内によび返さなくてはならないから楽ではない。よばれれば必ずよび返す、これがアメリカ社会の〝オキテ〟だから、人々はパーティーの貸し借り表をもとに、いつ誰をよぶか考えているのである（厄介ですね）。ブラウン氏が上司を招待したのは、この貸し借りを清算するためでもあったのだ。

男にとってパーティーに伴うリスクは、妻を多くの男女の眼に曝《さら》さなくてはならないことである。もてなしが下手な妻にはバッドマークがつくし（これが夫婦喧嘩の原因でもある）、美しく社交的な妻を持つ男は、それだけで有利になる一方、自分より能力もルックスも上の男に、妻を盗み取られる機会が増える。アメリカ映画で見るとおり、パーティーは不倫のインキュベーターなのだ。

このようなリスクがあるにも拘《かか》わらず、アメリカ人が頻繁にパーティーを開くのは、パーティーは昇進のチャンスを手に入れる場であり、他人の妻（夫）を盗む場所でもあるからだろう。

1回に5組の夫婦を招待すれば、いずれ5回(以上)のパーティーに呼ばれる。しかも、夫婦はそれぞれいくつものグループに所属しているから、毎月2回くらいあっても不思議はない。

日本でこのようなパーティーが少ない理由は、家が狭いこと、夫と妻は別々のコミュニティーに属していること、そして仲間同士が集まって食事をする場所が、外に沢山用意されていることである。

学生たちのパーティー

パーティー慣れした親を持つ学生たちも、よくパーティーを開いていた。しかし学生のパーティーは、食事を済ませてから集まる手軽なものがほとんどである。誰かのアパートに集まって、ビールとドーナッツ、精々ケンタッキー・フライド・チキンなどでわいわいやったあと、うまく行けば適当な相手とベッドインである。

日本の学生は、大学近くの飲み屋で騒ぐのが普通だが、アメリカ人はそのようなことはやらない。なぜかと言えば、大学周辺にそのような店がないからである。そもそも、キャンパスの5キロ以内では、アルコール販売が禁止されているところも珍しくないのである。

その上、アメリカの大学生は、日本に比べてしまり屋が多い。外で10ドル払って飲み食いするより、会場費ゼロ、24缶3ドルのビールと、1ダース1ドルのドーナツでやれば、1人あたり2ドルもあれば足りる。

しかし、中年男が女子学生のパーティーに招かれる場合には、〝ハニー・トラップ〟に注意しなくてはならない。

アメリカの女子学生は、虎視《こし》眈々《たんたん》と獲物《えもの》を狙《ねら》っている。相手が独身ならもとより、妻帯者であっても、結婚生活が破綻《はたん》していると見れば、攻勢をかけてくる。ここで据え膳《ぜん》を食べて、子供でもできようものなら、父親が弁護士を引き連れて乗り込んできて、結婚を迫られる。

ヒラノ准教授の知り合いの中で、ハニー・トラップにかかって、妻子を捨ててアメリカに永住した人は1人だけであるが、中国や韓国に単身赴任したエンジニアの中には、罠《わな》にはまったまま、帰国できなくなる人が大勢いるらしい。

実はヒラノ准教授も、危うくこの罠にはまりそうになったことがある。中年男の単身赴任生活は、〝危険がいっぱい〟である。

留学生時代、ヒラノ青年は勉強に忙しく、友人からパーティーによばれても、ほとんどパスしていた。研究者としてウィスコンシンで過ごした時は、月1〜2回くらいはよばれてもおかしくなかったが、実際には1年間で2回だけだった。

研究所長主催のパーティーによばれたとき、ベビー・シッターが見つからないので、妻を家において1人で行ったところ、「なぜ奥さんを連れて来ないのか」と詰問《きつもん》された。そこでその理由を説明すると、「そんなことは理由にならない」と叱《しか》られてしまった。このようなルール破りをやると、2度目のお呼びはかからないのである。

パデュー大学で、ライト学部長宅のパーティーによばれたとき、単身赴任なので気楽な気持ちで出かけたところ、昇進を狙う若手助教授たちの確執を眼《ま》のあたりにして、つくづく日本人でよかったと思ったものである。

10 アンディの秘密

負け組助教授の窓なし生活

ポポロ・シェフのディナーを十分に楽しむためには、昼食は抜いた方が賢明だ。そこでヒラノ准教授はアンディに誘われない限りは、コーヒー沸かし機の横においてある、25セントのドーナツ1個で済ませることにした。

このドーナツは、毎朝学科の秘書が買ってくるもので、直径10センチほどのふっくらしたものを1つ食べれば、とりあえず空腹感は無くなる。ドーナツ店で買えば15セントくらいのものだが、1個当たり10セント、30個で3ドルの余剰金は、学期末のパーティー経費にあてることになっていた。

1杯15セントのコーヒーも5セントは儲《もう》けだから、ここで更に5ドル。合計で1日8ドルとすれば、1学期で600ドルになる。パーティーの参加者は教員20人、アシスタント15人、秘書10人として、1人13ドルの経費がカバーされる。

クラナート・スクールの中は、経営科学、経済学、金融、会計グループに分かれていて、どのグループも8人程度の正教授・准教授と、2～3人の助教授という構成である。

経営科学グループの正教授・准教授の中で、コンスタントに論文を書いているのは、ウィンストン、モスコビッツ両教授など約半数である。

一方クビがかかっている助教授陣は、必死で頑張っていた。ヒラノ准教授が親しく付き合ったのは、オペレーションズ・マネージメントが専門のチャンド助教授と、経営情報システムの専門家であるボンチェク助教授の2人である。

チャンド助教授は標準以上の実績を上げたので、間もなく准教授に昇格するだろうと言われていた。もう1人のボンチェク助教授は、UCLAから引きがあるが、この大学が好条件を提示して引き止めにかかっているので、移るかどうかは5分5分だという。

もう1人の金融経済学者・ショーガン助教授は、有力大学出身のPh.D.だが、あまり業績が上がっていないので、再任は難しいのではないかと噂《うわさ》されていた。ここをクビになったら、行き先は三流大学である。行き先が見つからなければ、ビジネスの世界に転出するか、奥さんに養ってもらうかの二者択一である。いずれにしても、研究者としては〝透明人間〟になる運命だ。

アンディが経営するソフトウェア会社には、ゲーリー・コーラーという切れ者がいた。この人は経営工学科を解雇された後、アンディの会社に雇われてソフトウェア開発に従事していた。

かなりの実力があるにも拘わらず、全米ナンバーワン学科では准教授にしてもらえなかったのだ。クセの強い男だから、学科主任とケンカしてクビになったのかもしれない。

すでに説明した通り、助教授は1期3年契約で、この期間にある程度の実績を挙げれば、もう1期任期が延長されるが、6年の間に決められた数の論文（この大学では8編程度）を書かなければ解雇である。このとき引導を渡すのは学部長である。

ライト教授は既に2期学部長をやっているということだが、このような嫌な仕事の見返りに、どれだけの給料を貰っているのだろう。

さて、ヒラノ准教授の滞在中に引導を渡されたのが、隣のオフィスをあてがわれていたニュージーランド出身のジョージ・ソーンダース助教授である。この人は、ハーバードでPh.D.を取ったが、任期延長はありえないと宣告されたという。

「ニュージーランドに戻っても、大学の給料では生活が成り立たない。しかし、業績が乏しい外国人はどこの大学も引き取ってくれないので、帰国するしかない」と言っていた。

この人は解雇通告を受けたあと、窓のない倉庫のような部屋に移されてしまった。冬は零下15度になるこの地域では、暖房効率を上げるため、ビルは太った構造になっていて、建物の中心部分に沢山の窓なし部屋がある。そしてここが学生や（解雇直前の）助教授のオフィスになっているのである。ヒラノ准教授は時折この人のオフィスを訪れたが、四面が壁の部屋は圧迫感があった。

インディアナよりずっと寒いウィスコンシン大学にも、窓なし部屋が沢山あったが、窓なし助教授たちはここから脱出しようとして必死に研究するので、かえって本人のためになる、と窓あり准教授は嘯《うそぶ》いていた。ことほど左様に、アメリカの勝ち組は負け組に対して冷たいのだ。

勝ち組教授の研究スタイル

このようなことを考えると、30歳になる前に正教授に迎えられたアンディは、勝ち組中の勝ち組の1人である。ほかの教授たちは、150編以上の論文を書いているアンディを別格扱いしていた。

しかしこの人は天狗《てんぐ》にならず、毎年6編の論文を書き続けていた。世の中には偉い先生が沢山居るが、40歳を迎えるまでに100編以上の論文を書く人は稀《まれ》である（この人は60歳になるまでに、660編の論文を書いている）。

アンディは、なぜこれほど多くの論文を書くことが出来るのか。何度かキャンパス脇《わき》の中華レストランで、2ドル50セントの中華ビュッフェ・ランチを共にする間に、ヒラノ准教授はその秘密を探りだすことに成功した。

第1の秘訣《ひけつ》は、年齢を重ねるにしたがって研究領域を拡大したことである。出発点である数理経済学は、キラ星のようなスターたちがダイヤを掘りつくしたあとだった。全米有数のイェール大学の経済学科で助教授として過ごすうちに、この分野で大きなリターンを手に入れるのは難しいと判断して、急発展中の計算機科学の経営・経済への応用を手がけるようになった。

そのあとも、人工知能、データベース、意思決定支援システム、電子商取引という新分野に参入して、新しい鉱脈から次々と宝石を掘り出したのである。発展中の新分野には、面白い問題がゴロゴロ転がっている。

しかし新分野の論文は、なかなか既存のジャーナルに掲載してもらえない。そこで、仲間と語らって新しいジャーナルを創刊し、論文発表の場を確保する。また多くのジャーナルの編集陣に加わることによって、最新の研究成果にアクセスする機会を増やし、いち早く有望なアイディアを手に入れるのである。

この結果、アンディの倉庫には、常時1ダース以上の有望な研究テーマがストックされていたのである。しかし、人間の脳には7つ（プラス・マイナス2）のレジスターしかないから、1人では同時にあまり多くの問題を処理することはできない。

人間には、研究以外にもやらなくてはならないことがある。アンディの場合で言えば、ソフトウェア会社の経営や、子供の教育問題などがある。したがって、研究に割り当てられるレジスターは多くても3つだろう。

年6編の論文を書くには、半年ごとにレジスターをクリアしなくてはならない。しかし、そのようなことが出来るのは、ジョン・フォン・ノイマンのようなひと握りの超人だけである。超人でない研究者がやれることは、学生や同僚の力を借りることである。

アンディが計算機科学科と経済学科の教授を兼ねていたのは、毎年2〜3人の博士課程学生を確保するためである。

多くの学生を養うには、多くの研究費が必要である。ところが、毎年6編の論文を書く人には、あちこちからお金が出る。二流大学の学生は、一流大学に比べて能力的に差があるが、多くの学生を抱えることによって質を量で補うのである。

アンディの頭の中には、既に研究マップが出来上がっている。かくかくしかじかの方針で、かくかくしかじかの問題に取り組めば、かくかくしかじかの結果が出るはずだ――。学生はこの指示に従って、細かい作業を実施する。

毎週適切な指示を与えながら、予想通りの結果が得られたら、アンディが学生と協力して1週間で論文を書くのである。

博士課程の学生が12人いれば、年に6編の論文が出来あがる。同僚を巻き込めば、更に生産性が上がる。当然の結果だが、アンディの論文には共著論文が多い。大抵は2人、場合によっては3人以上連名のこともある。

つまり、アンディが書いた論文の半分は、博士課程の学生と共著論文だったのである。この人は60歳になるまでに、120人の博士を育てているが、これはビジネス・スクールの教授としては、全米ナンバーワンではなかろうか。

ちなみに、ヒラノ教授が知る限りで最も多くの博士を育てた日本人教授は、東京工業大学のW教授である（10年あまりで30人近い博士を生み出したW研究室は、周囲から〝博士工場〟と呼ばれていた)。

既に掘りつくされた鉱山で落穂拾いをせずに、積極的に新しい分野に参入して創業者利益をむさぼること。その際すべてを自分でやろうとせずに、学生や同僚を巻き込むこと。そしてもう1つ大事なことは、新しい分野に参入するときは、出来る限りそれまでに築いた人間関係をそこなわないようにすることである。

アンディは新しい分野に参入しても、それまで取り組んできた分野を捨てなかった。新しい問題に取り組んでいるうちに、たまたま古い分野の問題が解けることがある。こんなとき、古い分野の人たちと仲違《なかたが》いしてしまうと、投稿した論文が掲載を拒絶されるリスクが高くなる。

論文を審査するのは生身の人間だから、仲間を〝裏切った〟かつての友人が書いた論文に対する審査は厳しくなりがちである。

週に1回の中華ビュッフェ・ランチで、ヒラノ准教授の体重は2キロふえてしまったが、ここで手に入れたノウハウは、後に東京工業大学に移籍してから、大いに役立つことになるのである。

11　KKK

パニック回避術

ウィーンで1人暮らしをしていた時、ヒラノ青年は指折り数えて帰国の日を待った。毎日欠かさず3000字のエアログラム（航空書簡）を妻に書き送ったのは、〝心配〟が芽を出すのを抑えるためだった。

一旦《いったん》発生した心配は時間と共に増殖し、手がつけられないパニックに成長する。パニックを鎮《しず》める道はただ1つ。国際電話をかけて、妻の声を聞くことである。しかし電話が繋《つな》がらないと、パニックは更に拡大する。

昼の間は仕事がある。ウィーンと日本の8時間の時差と相手の都合を考えれば、電話をかける時間は夜10時から12時までに限られる。

芽を出した心配がパニックに成長するまで、5時間はかからない。どうやって夜10

時までこれをなだめて過ごせばいいか。幸いウィーンにはオペラ座があった。ヒラノ助教授は週に3回オペラ座に通いつめていたが、そのうち1回はパニックをやり過ごすためだった。

パニックを起こさないための最も確実な方法は、毎日国際電話をかけることである。しかし、これをやると1回4000円、月に10万円以上かかる。そこでパデュー時代に考えたのが、次のようなずるい方法である。

実際に電話をかけるのは日曜だけで、それ以外の日は、妻に朝7時（日本時間で夜8時）にモーニング・コールを頼んでおく。3回ベルが鳴ったところで一旦切る。その直後にまたコールして、3回で切れば何も変わりがないという合図である。4回以上鳴らしたときは、話すことがあるという合図なので受話器を取る。

電話をかけても、先方が出なければタダである。これは違法行為ではないが、毎日AT&TとKDDに迷惑をかけていたというわけである。

パニックを起こさずに済んだもう1つの理由は、ポポロ先生の存在である。ヒラノ准教授と違って、この人には家族のことを心配している気配はなかった。〝もう10年もすれば、自分もこんな風になれるのか？　それとも、戦後の厳しい時代を生き抜いてきた人は、肝がすわっているのだろうか〟。

それはともかく、この人の丸いニコニコ顔を見ていると、ヒラノ准教授の心配は勢いを失うのだった。

初めのうちは、経歴詐称《さしょう》がばれたらどうしようかと心配していた。しかし、この人は他人のプライバシーを詮索《せんさく》するような人ではなかった。2人は年が離れた兄弟のように、互いに支えあって暮らしていたのである。もし山田教授がこの本を読んだら、「そんなことは知っていましたよ。だからどうなの」と言うのではないだろうか。

イラン人留学生殴打《おうだ》事件

9月、10月はパニックを起こさずに過ぎた。11月に入れば、残りは50日余りである。そんなところに起こったのが、テヘランの米国大使館占拠事件である。

第2次世界大戦後のイランは、石油利権の確保を目指す米国の支援の下に、パーレビ国王が独裁権力を保持してきた。1973年のOPECの原油公示価格引き上げに伴う石油収入の急増に力を得た国王は、〝2000年までに世界の6大経済大国の仲間入りを果たす〟という壮大な目標を掲げて、欧米式の開発政策を進めた。

しかし、急速な近代化は大きな社会格差を生んだ。経済政策の失敗によってインフレが進行すると、人々の不満が高まり、アヤトラ・ホメイニ師をリーダーとするイスラム聖職者集団が勢力を伸ばした。

国王の迫害を受けたホメイニ師は、（滞在先の）パリから王政打倒の指示を出し、民衆の支持を広げていった。そして、国民の支持を失ったパーレビ国王が、79年1月に国外に脱出したあと凱旋《がいせん》帰国したホメイニ師が、この年の5月に、コーランに基づくイスラム原理主義革命を成立させたのである。

政権の座についたホメイニ師は、パーレビ国王とそれを操った米国が諸悪の根源であると非難し、国王の引き渡しを要求した。カーター大統領は当然これを拒否。この結果、米国とイランの関係は極度に悪化した。

このような状況の中で、11月4日にイスラム原理主義学生集団（この中には、アフマディネジャド元大統領が含まれていたという）がテヘランの米国大使館を襲撃し、67人の大使館員らを人質に取った。

米国はその報復として、イランからの石油輸入を全面禁止すると共に、在米資産の凍結に踏み切った。これに対してホメイニ師は、スパイ活動を行ったという理由で、大使館員すべてを裁判にかけると言明した。

米国の威信を傷つけられて激怒した保守派は、更に強硬な対応を要求した。しかし、

〝穏健派（弱腰）〟のカーターに出来ることはこれが限度だった。この結果、米国市民の怒りは在米イラン人に向けられた。

右翼学生たちが、イラン人留学生を襲撃する計画を練っているという噂を耳にして、ヒラノ准教授は久しぶりにロトフィのことを思い出した。もう1ヶ月以上顔を合わせていないが、依然としてティーチング・アシスタントを務めている（ことになっている）イラン人留学生である。

噂は事実だった。白い頭巾《ずきん》を被《かぶ》った10人余りの男が、キャンパスの中を逃げまどうイラン人学生を追いまわし、繰り返し棍棒《こんぼう》で殴打したのである。ヒラノ准教授はオフィスの窓からこの現場を目撃したが、周りの学生達は暴行を止めようとしなかったばかりか、彼らを焚《た》きつけていた。

白頭巾は、KKK（クー・クラックス・クラン）のトレード・マークである。これは、学生たちの偽装だろうか？　それとも、大学の中にKKKのメンバーが居るのだろうか？　少なくとも、学生の中に手引きする者がいなければ、誰がイラン人留学生かが分かるはずはない。

KKKは、かつてインディアナの州都であるインディアナポリスに本拠があった極右の白人至上主義集団で、黒人をターゲットとして放火・暴行を繰り返す凶悪な秘密結社である。

ヒラノ准教授はかねて、パデュー大学の黒人学生比率が、ウィスコンシン大学より低いことに気付いていたが、このときはじめてその理由を理解した。度重なるＫＫＫの蛮行に生命の危険を覚えた黒人たちは、より安全なケンタッキーやテネシーに逃げ出したのではなかろうか。

白人至上主義ということは、彼らのターゲットは黒人だけとは限らない。アーリア系のイラン人が狙い撃ちされたからには、いつ黄色人種が狙われてもおかしくない。折から日本は、自動車、半導体などでアメリカを脅《おびや》かす敵と見られていたから、日米間の摩擦が高じれば、何が起こるか分からない。

ＫＫＫのような過激集団だけではない。日米間に一朝事あれば、ふだんはまともな（はずの）人たちも、何をするか分かったものではない。実際、40年前に日米が戦ったときには、在米日本人は財産を没収され、砂漠の中の強制収容所送りになったのだ。

襲撃された学生の中には、ロトフィも含まれていた。病院にこの男を見舞ったヒラノ准教授は、包帯で頭をグルグル巻きにされた姿を見て戦慄《せんりつ》した。

付き添っている奥さんによれば、意識はしっかりしているがめまいがひどく、いつ退院できるか分からないということだった。その上、本国からの送金が途絶えると生活ができなくなるし、イランに戻っても、アメリカ帰りはどのような仕打ちを受けるか分からないのだ。

誰がロトフィを襲撃したのか？　ヒラノ准教授が滞在している間に、犯人は挙がらなかった。あれだけ多くの暴行犯がいたにも拘わらず、誰も捕まらないということは、警察も学生もそして一般市民も、暴行事件を容認しているということではないだろうか。こう考えたヒラノ准教授は、急にアメリカで暮らすのが恐《こわ》くなった。

この事件のおかげで、新しいティーチング・アシスタントが付いた。今度はあてになりそうなアメリカ人学生だったが、いざとなればこの男も日本人の頭を殴るかもしれない。

キャンベルのトマトスープ

11月半ばまでの2ヶ月間、1度もパニックを起こさずに済んだのは、週に1度は妻と息子の声を聞いていたのと、ポポロ先生が居てくれたおかげである。

朝出るときは「行ってらっしゃい」と見送ってくれるし、夕方帰ると「お帰りなさい」と言って迎えてくれる。そしてそのときには、夕食が出来上がっているのだ。5

人の弟妹たちの面倒を見たポポロ先生は、10歳違いのヒラノ准教授を、食いしん坊な末弟として扱ってくれたのだ。

鮭《さけ》のムニエル、きのことブロッコリーの炒《いた》め物、それにエビ・ピラフとくれば、ウエスト・ラファイエットでは高級だと言われているレストラン、ハワード・ジョンソンの最高級料理より格調が高い。

いかに手馴《てな》れているとは言っても、これだけの料理を作るには1時間はかかる。つまりポポロ先生は、いつも4時過ぎにはアパートに戻っているのではなかろうか。

〝客員研究員には特別な義務はないから、5時までオフィスにいる必要はないわけだが、それにしても少し早すぎるのではないか？　英語がうまく通じないので、研究室で苦労しているのかもしれない〟。

聞いてみたいことは、これ以外にも山ほどあった。陸軍幼年学校時代と、幼い弟妹を抱えた戦後の生活。ポポロ事件。東大を退学してから慶應義塾大学に入るまで。慶應義塾大学での高齢学生生活。そして、両親を殺したかつての敵国アメリカに対する思いなど。これだけ材料があれば、500枚の物語が書けるだろう。

しかし良好な関係にひびが入ることを恐れて、ヒラノ准教授はデリケートな質問を控えてきた。たった一言で、人間関係が壊れてしまうことがあるからだ。

ある日、懸案だった論文のレフェリー・レポートが出来上がったので、たまには早く帰ってシチューでも作ろうかと考え、3時過ぎにアパートに戻った。誰もいない部屋に帰るのは何週間ぶりだろうと思って鍵《かぎ》を開けたところ、ポポロ先生がパジャマ姿でテレビを見ていた。

流れていたのは、カーペンターズの“Only Yesterday”である。久しぶりに見た（拒食症の）カレン・カーペンターは随分やせていた。

「仕事に一区切りついたので、早めに帰りました。どこかお加減でも悪いのですか？」

「風邪気味なので、大学には行かなかったんですよ。今日はゼミがないので、気難しいオフィス・メートと時間を過ごすより、家で手紙でも書こうと思いましてね。さっきテレビをつけたら、カーペンターズをやっているので見ていたんだけど、歌詞が分かるのでうれしくなっちゃいました。もちろん、ところどころですけどね」

「そうですか。僕もカーペンターズは大好きです」

「音楽は全く素人《しろうと》だけど、カーペンターズは良質なアメリカという感じがするので好きですね」

「彼らのアルバムは全部持っています。でも批評家の中には、音楽的な水準は高くないとけなす人がいるんですよ」

「音楽に詳しいんですね」

「それほどでもありません。今晩は僕がシチューを作りますから、ゆっくりテレビを見ていて下さい」

シチューと言えば立派に聞こえるが、ブタ肉とにんじん、玉ねぎをシオ・コショーして油で炒め、あとはキャンベルのトマト・スープ缶をジャッと入れて煮込むだけである。

スタンフォード時代に、アメリカ生活が長い友人が、「何もないときは、ご飯を炊《た》いてキャンベル・スープをかけて食べるとうまい」と言ったのを憐《あわ》れみの気持ちで聞いたが、この発言は80％正しい。読者諸氏は信じないかもしれないが、シチューを作るとすれば、数あるキャンベル・スープの中で最も安いトマト・スープ以上のものはない。

こう思っていたところ、その後まもなくヒラノ家では、味、値段共に、ハウス食品の「完熟トマトのハヤシライスソース」に王座を譲った。どの世界でも、20年以上にわたってトップの地位をキープするのは難しいものである。

トマト・シチューで満腹になったあと、ダイアナ・ロスのコンサートを聞きながら、しばし雑談した。もう1週間すると、ポポロ先生はバークレーに行ってしまうから、聞きたいことがあれば今聞いておくしかない。

ポポロ先生とアメリカ

それでもヒラノ准教授は、ポポロ事件について聞く気にはなれなかった。アメリカ滞在中は、最も触れられたくないことだろうと思ったからである。

「先生、アメリカ生活はどうですか？」

「そうねえ。もう少し英語が話せれば、いろいろ勉強できたんだろうけど、この歳《とし》になってから来てもどうにもならないということが分かりましたね。全体的な印象を言えば、人に聞いたり本で読んだりしたのとそれほど違わない、というのが正直なところですね。あなたのように10年早く来ていれば、驚くことが多かったでしょうね」

「そうですね。はじめの頃は、カルチャー・ショックでヘロヘロになりました。10年前の日本は、まだ貧しかったですからね。家には電話がなかったし、ティッシュ・ペーパーもなかった時代ですから、大学のカフェテリアで豪勢なハンバーガーを頬ばったときは、もう何と言うか……。でも、私より18年前にアメリカに留学した森口先生のカルチャー・ショックに比べれば、10分の1以下でしょうね」

「50年代にアメリカに来ていれば、人間が変わったでしょうね」

「そうでしょうね。アメリカの大学があまりに素晴らしかったので、私も完全にアメリカナイズされてしまいました。でもそのあと、ウィスコンシンとウィーンに住んでみて、アメリカのイメージも随分変わりました。特に今回のイラン人学生襲撃事件で、何か嫌な感じがしてきたんです」

「そうね。あれはひどいね」

「この事件が原因でカーターが敗《ま》けて、リーガンが大統領になったら、アメリカもこれまでかっていう感じですね」

「リーガンねえ。僕はもともとあの手の男は好きじゃないけど、アメリカ人はああいうのが好きなんだよね」

「学科の皆さんは何と言っていますか？　クラナート・スクールでは、カーターはぼろくそですが」

「カーターを支持する人はほとんどいませんね。ノフさんはもちろんリーガン支持だしね。そうそう、ノフさんで思い出したけど、あのあと奥さんのご機嫌が悪くて大変だったみたいだよ」

「あれはまずかったですね。でもあんなに怒られるとは思いませんでした。国によって事情が違うこともある、ということが分からないんですかね」

「ともかく大変なおカンムリで、二度とあの人たちの顔を見たくないって言っているそうだよ」

「僕だけでしょう。先生は何も言わなかったんだから」

「それがそうでもないらしいんだよ。日本の男は男尊女卑だから全部バツ、ということになったんじゃないかな」

「申し訳ありません。ところで、ここのＩＥ学科（経営工学科）はどうですか？　クラナートは20位にも入らないマイナー・スクールですけど、ＩＥは全米トップだということですね」

「そういうことになっていますね。でもＩＥは、新興分野に押されて人気が低迷しているから、大したことないですよ。学生もまあまあってところかな。韓国や台湾からの留学生が多くて、アメリカ人学生は少ないですね」

「日本からの留学生はいないようですね」

「ここ何年か、１人も居ないということです」

「スタンフォードでは、日本からPh.D.を取りに来るのは、経済学、心理学、教育学といった文系の人がほとんどで、工学部出身者は2人しかいませんでした」

「やっぱりそうですか」

「なぜそうかというと、文系の学問、たとえば経済学は日米に大きな格差があるけれど、工学にはそれほど差がない。むしろ日本の方が上の分野もあって、何も苦労してまでアメリカに留学する必要はない、と考えている人が多いんじゃないですか」

「必ずしもそうは思わないけどね。でもこちらに来て驚いたのは、同じ学科に同じような研究をやっている人が何人もいることですね。日本では、研究分野が重ならないように教員を配置するでしょう。学生の教育を考えると、同じ分野の人が大勢いても余りプラスにならないけれど、研究になると俄然《がぜん》差が出ますね」

「そうですね。新しい問題が出てきたとき、専門が似通った人が近くにいてくれると、協力することが出来る。3人寄れば文殊の知恵で、あっという間に答えが見つかる。もちろんこれは仲が良ければの話だけど、悪ければ悪いで、互いにライバルに負けないように頑張るから、ポツンと1人だけでやっている日本と比べると、差が出るんですよ。

スタンフォードのOR学科は、教員10名のうち3人が数理計画法、その他2人もかなり近い分野をやっていたのでびっくりしました。ウィスコンシンもそうでした。でも同じ分野のライバルがすぐそばに居るのは辛《つら》いでしょうね。ＭＩＴの若手助教授の中には、精神科医のお世話になっている人が多いという話ですよ」

「経験したことないから分からないけど、そこがアメリカの強さなんでしょうね。それから、アメリカで違うのは秘書だよね。ＩＥ学科の秘書は５人だけど、１人は学科主任専属で、それを除くと１人で４人分の教員の秘書業務をこなしているのだから凄《すご》いですよ。あれだけ有能ならいい給料貰《もら》っているのかと思うと、そうじゃないんだってね」

「需要と供給の関係で、やりたい人とやれる人がいくらでもいるので、チーフでも月１０００ドルくらいで、普通だと８００ドルだから、年１万ドルにもならないという話です」

「学生の奨学金とあまり変わらないね」

「時間通りに帰れるし、長く勤められるからやっているのでしょうね。スタンフォードでは、１人あたりの担当は教員2人か3人でしたが、それでも大変なものですよ」

「スタンフォードはいいところだそうですね」

「バークレーもいいけれど、スタンフォードはもっといいですよ。ともかく、こんな所で寒い思いをするより、カリフォルニアのほうが絶対いいですよ」

「6ヶ月以上1人で暮らすかと思うと、気が重いですよ」

「大丈夫ですよ。あそこは気候がマイルドだし、日本人が多いので、ここことは全く違いますよ」

「そうですかねえ。本音を言えば、もう日本に帰りたいですよ」

「日本に帰ったら、奥さんに紹介して下さいね」

残念ながら、とうとうその機会は巡って来なかった。

12 ロナルド・リーガン

三重苦のアメリカ

１９７９年のアメリカは、大混乱の中にあった。

まずは、この年の3月に起こった、スリーマイル島原子力発電所の炉心溶融事故である。

周囲に放射性物質をまき散らすようなことはなかったものの、ペンシルバニア州の州都・ハリスバーグの至近距離にあったため、住民に与えた恐怖はなまなかなものではなかった。たまたまこの事故とほぼ同時に、原発事故を扱った『チャイナ・シンドローム』という映画が公開されたこともあって、原子力発電所に対する人々の信頼は大きく揺らいだ。

もう1つは、第2次オイルショックが原因で、年率13％のインフレに見舞われたことである。70年代半ばまでは4％から6％の間を行き来していた金利が2ケタに上昇し、MMF（マネー・マーケット・ファンド）と呼ばれる金融商品の利率は、20％に迫る勢いだった。

このような状況の中、お金を持っている人たちはマネー・ゲームに狂奔していた。アンディは、たとえ1000ドルでもMMFで運用すべきだとアドバイスしてくれたが、そんなことをしなくても、1ヶ月定期で10％以上の金利がついたし、数ヶ月しかいないのだからどうせ大した違いは出ない。

しかし、これは日本的・エンジニア的発想であって、アメリカ的・経済学者的発想では、たとえ1％の金利差でも、利益は貪欲《どんよく》に追求しなくてはいけないのだ。

8年後にヒラノ教授は〝理財工学〟の旗印の下、資産運用理論の世界に参入することになるのであるが、この頃はお金の運用にはまるで関心が無い、典型的なエンジニアだったのである。

富裕層を利する一方で、インフレと高金利は低所得層に大きなダメージを与えた。全国平均で6％の失業率は、隣のミシガン州やオハイオ州では2ケタに達した。自動車産業が外国車の攻勢によって経営危機に陥り、大量の（一時）解雇者が出たためである。

もともと中西部は共和党の地盤で、76年の大統領選でも、この地域では共和党のフォード大統領が勝利している。もしフォードが、ウォーターゲート事件で辞任したニクソンに恩赦を与えなければ、カーターが大統領になることはなかったはずである。

3つ目はイラン問題である。経済政策の失敗で、かねて不人気だったカーターの評判は、テヘランの米国大使館事件でますます悪くなった。前回の選挙では、カーターを支持した秘書たちも、今度は共和党に投票すると言っていたし、コーヒー・ルームに集まる教授たちのカーター批判は苛烈《かれつ》を極めた。

悪代官の復活

このような状況の中で、共和党の大統領候補として人気上昇中だったのが、前カリフォルニア州知事のロナルド・リーガン（のちのロナルド・レーガン）である。76年の共和党の大統領候補指名争いでは、現職のフォード大統領と争って敗れたが、保守層の強い支持を背景に、再び共和党候補の地位をうかがっていた。

若いころは民主党支持だったこの人は、64年の大統領選挙で、極右の共和党候補バリー・ゴールドウォーターを支持したことから分かるように、極め付きの反ソ・反共主義者で、民主党陣営からは人種差別主義者と呼ばれていた。

この人が大統領になったら、米ソ関係は悪化する。リーガン対ブレジネフの戦いは、ケネディ対フルシチョフのときと違って、全面核戦争を引き起こす可能性が大きい。また、日米貿易摩擦が激化することも目に見えていた。アメリカ国内でほぼ30％を占める輸入車の80％は、日本車だったからである。

ヒラノ准教授はリーガンの登場を恐れていた。それは今に始まったことではない。実はヒラノ准教授のリーガン嫌いは、10年以上の歴史を持っていたのだ。

スタンフォード大学に留学していた60年代末、リーガンはカリフォルニアの州知事を務めていた。映画狂のヒラノ准教授は、この二級西部劇のヒーローを子供の頃から知っていた。実のところを言えば、この人の映画を1本も見たことは無いのだが、映画雑誌「スクリーン」を通して、ハリウッド情報をたっぷり仕入れていたのである。

〝ゲーリー・クーパーやジョン・ウェインほどのスター性はなく、ヘンリー・フォンダやスペンサー・トレーシーのような演技力もない。勧善懲悪、正義の味方、ジョン・ウェインの亜流〟。これが、Q氏こと映画評論家・津村秀夫《ひでお》のリーガン評である。

一方、この人の奥さんだったジェーン・ワイマンは、母物映画の女王と呼ばれた名女優で、『ジョニー・ベリンダ』でアカデミー主演女優賞を受賞している。エリザベス・テーラーやヴィヴィアン・リーといった美人女優に比べると、余り魅力のない女優だったが、映画俳優として夫に圧倒的な差をつけていた。

このような不釣り合いな夫婦は長続きしない。離婚した夫は、俳優としては二流で終わったが、俳優組合の役員を足場に政治活動に参入して頭角を現し、再婚したナンシー夫人の内助の下で、たちまちのうちにカリフォルニア州知事のポストを得た。

ハリウッドはカリフォルニアの基幹産業の1つだから、俳優組合の支持は選挙戦で大きな役割を果たしたのである。

映画スターごときが政治家になってもうまくやれるはずがない、と思ったのは大間違いで、知事に就任するや否《いな》や、この人は赤字を抱える州政府の予算に大鉈《おおなた》を振るって財政建て直しに成功し、政治家としての評価を高めていった。

一方その犠牲になったのが、カリフォルニア大学である。スタンフォード大学は、1兆円以上の自己資金を持つブルジョア私立大学だから、州の予算が削られてもどうにかやっていける。しかし、州立大学にはこのような余裕はない。予算が削られれば、直ちに大学の基本活動や職員の給料に重大な影響が及ぶのである。

湾を挟んでサンフランシスコの対岸に位置するカリフォルニア大学バークレー校は、スタンフォードの古くからのライバルである。この大学があったからこそ、スタンフォードは一流大学の地位を得ることが出来たのである。

スタンフォードに留学するまでのヒラノ青年は、バークレーはスタンフォードより遥《はる》かに格が上の大学だと思っていた。だから、給与カットや定員削減などで、学問の殿堂バークレーを苦しめるロナルド・リーガンは、悪代官そのものだったのである。

しかし、財政再建の業績を評価されたリーガン知事は、76年の共和党の大統領候補に担《かつ》ぎ出された。指名選挙で現職のフォードに敗れて、一旦は命脈尽きたかと思われたが、カーターの相次ぐ失政により、保守化の度合を強める人々の支持を得て、復活を果たすのである。

折からイギリスでも、超保守・対ソ強硬派のマーガレット・サッチャーが政権に就き、福祉・教育予算の大幅カット、公務員給与の削減などに乗り出していた。

心配になったヒラノ准教授は、M新聞のワシントン特派員を務めている、高校時代以来の友人A氏に電話を掛けた。

「このあたりでは、リーガンが大統領になると予想する人が多いけれど、どう思う?」

「リーガンが大統領? それは無いよ。保守的な中西部や地元のカリフォルニアでは人気があっても、ワシントンにはそんなことを信じる人は居ないよ」

「でもイギリスでは、対ソ強硬派のサッチャーが首相になったよね」

「アメリカでは、現職が敗けることは滅多にないんだ。フォードが敗けたのは、ニクソンに恩赦を与えたのが原因だけど、あれは例外中の例外だよ。今は不人気でも、選挙までにまだ1年近くあるから、カーターが巻き返すよ。現職大統領は、いろいろな手を打てるから有利なんだ。大使館員救出に成功すれば、その日から支持率急上昇だよ」

「そんなものかしらね。でも、万一リーガンが大統領になったらどうなる？」

「そりゃ大変だよ。日本人は大手を振って歩けなくなるかもしれないよ」

「僕もそれを心配しているんだ」

「でもアメリカ人は、お前が思うほどバカじゃないから心配ないよ。それにしても、相変わらずお前は心配性だな。どうだ、一度こっちに遊びに来ないか。インディアナみたいな田舎と違って、ワシントンは面白いぞ」

「行きたいけれど、もう時間が無いよ。期末試験が終わったら、すぐ日本に帰らなくちゃならないんだ」

「それは残念だな。俺は大統領選挙が終わるまではここにいるはずだが、リーガンが勝ったら坊主《ぼうず》になってもいいぜ」

「そうか。それを聞いて少し安心したよ」

こう言ってはみたものの、ヒラノ准教授の不安は消えなかった。

13 血まみれのスタンフォード

アンディ夫妻の厚遇

イラン人学生殴打事件の時に生まれたアメリカに対する恐怖感は、ポポロ先生がいなくなったあと、日に日に膨らんで行った。そして12月に入ると、1日も早くアメリカを脱出したいと思うようになった。

12月20日に試験の採点を終えたヒラノ准教授は、その翌日ウェスト・ラファイエットを後にした。飛行場には、ヴェロニカとカーラが見送りに来てくれた（あいにくアンディは、出張中で留守だった）。

この4ヶ月、何度この人の家に招かれただろうか。ポポロ先生がいなくなってからは、ほとんど毎週夕食を御馳走《ごちそう》になった。

11月末のサンクスギビングから元日までの期間を、アメリカ人はホリデー・シーズンと呼び、家族が集まってお祝いをするのだが、アンディ夫妻は1人暮らしのヒラノ准教授を、家族の一員のように遇してくれた。ユダヤ人が家族や友人を大事にするということはかねて知っていたが、ポポロ先生がいなくなったあとパニックを起こさずに済んだのは、ヴェロニカ夫人の思いやりのおかげである。

後年ヒラノ教授は、ベトナム人数学者を日本に招いて共同研究を行う機会があったが、この人を自宅に招いたのは、3ヶ月間で2回に過ぎなかった。妻の体調がすぐれないことや、家が狭くて遠いという理由はあったにせよ、アンディ夫妻であればこの2倍はサービスしただろう。

お世話になりっ放しでは申し訳ないと思ったヒラノ准教授は、マディソンにあるウィスコンシン大学を訪問した帰り道に、シカゴの日本ショップに立ち寄り、400ドルという大金をはたいて日本人形と陶器の花瓶を買い求め、1週間早いクリスマス・プレゼントとして、ヴェロニカとカーラに贈った。

2年前にアンディから貰ったチェコ製の鉛ガラス花瓶と、5回以上のディナー、そして全米ナンバーワンと呼ばれる、インディアナ大学音楽部の学生によるスメタナの『売られた花嫁』公演に、200キロ先のブルーミントンまで連れて行ってもらったことを考えれば、このくらいの出費はやむを得ない。

チェコの田舎村を舞台とするこのオペラは、ハンガリー出身のヴェロニカ夫人のお気に入りだということだったが、ヒラノ准教授にとってこれ以上退屈なものはなかった（半分以上寝ていた）。

ヴェロニカとカーラは、ヒラノ准教授が飛行機に乗るまで、繰り返しプレゼントに対するお礼の言葉を述べてくれた。その喜びようを見て、400ドルの痛手は消し飛んだ。

肛門脇《こうもんわき》のウズラ卵

期末試験が終わったあとは、一刻も早く日本に帰りたかった。家族に会いたかったことはもちろんだが、2週間前からややこしいところにできた〝おでき〟に悩まされていたからである。具体的に言えば、肛門の脇に生まれたポツンとした粒が、直径2センチほどの球に増殖し、前後左右を圧迫したのである。

高校時代に、耳の横に小さな硬い塊が生まれたとき、にきびだと思ってつぶしにかかった。ところが、塊はつぶれるどころか急激に成長した。あわてて医者に飛んで行ったところ、「面疔《めんちょう》です。切りましょう」と言われて大慌《おおあわ》てした。

それ以来できものはいじらずに、タコの吸出しを使って数々の危機をくぐり抜けてきたが、出来た場所が肛門となると厄介である。用を足すときには力がかかるし、椅子《いす》に座れば嫌でも体重がかかる。それにアメリカのドラッグ・ストアでは、タコの吸出しに相当するものは見当たらなかった。

アーモンド大の塊は、数日後にはウズラの卵大に成長した。膿《うみ》を出そうとして、ナイフの先をガスの炎で消毒して突き刺してみたが、出るのは血だけで、固いボールは大きくなる一方である。

〝一体これは何なんだ‼　悪性腫瘍《しゅよう》か？　しかし直腸癌《がん》ならともかく、肛門癌なんて聞いたことが無い〟。

医者に行けばいいのに、という人がいたらお聞きしたい。日本男児がアメリカ人看護婦に、あんなところを見せるなんてみっともない事が出来るか、と。ポポロ先生が居たら、これがいわゆる痔《じ》の一種だということを教えてくれただろうが、ヒラノ准教授はただうろたえるばかりだった。

そのうち悪寒《おかん》が襲ってきた。体温計を買って計ったところ、38度5分もある。この10年間、これほど高熱が出たことは一度も無い。ここに到《いた》ってヒラノ准教授は、日本から抗生物質を持ってきたことを思い出した。おかげでおできの成長は止まったが、既にゴルフボールくらいの大きさに育った塊は、あちこちに根を伸ばしていた。

この塊が飛行機の中で破裂したら、パンツもズボンもそして座席も血だらけだ。そこでヒラノ准教授は、パンツの中にタオル1枚を詰め込んで飛行機に乗った。果たして無事に日本にたどり着けるだろうか？

スタンフォードの悪夢

あとは日本に着くのを待つばかりかと言えば、そうではない。途中、スタンフォード大学に寄って、ダンツィク教授に会うことになっていたのである。

１９１４年生まれのダンツィク教授は、この時65歳になっていた。60歳を過ぎたら、人間はいつ死んでもおかしくない。だからヒラノ准教授はいつも、これが最後になるかもしれないという思いを抱きながら、先生のお話を伺った。

2年ぶりにモントリオールでお眼にかかったとき、先生は大物教授たちと歓談中だったので、割り込むわけには行かなかった。後日ランチをご一緒する機会があるだろうと思って、簡単な挨拶《あいさつ》で済ませてしまったが、ビッグ・バッド・ウォルフに騙《だま》されたあと、ショックの余り誰とも話をする気になれないまま、モントリオールを後にしてしまった。

もしスタンフォードに寄らずに日本に帰れば、当分ダンツィク教授にお眼にかかる機会はない。3年後の（ケチがついた）ボン・シンポジウムをボイコットすることに決めていたし、リーガンが大統領になったら、当分アメリカには足を踏み入れないつもりだったからである。次にお会いするのは、6年後に開かれる第12回シンポジウムの時だが、それまで先生が生きておられる保証は無い。

幸い抗生物質が効いたため、卵はやや小さくなった。飛行場でレンタカーを借り、国道１０１を南下してスタンフォードに向かう道のりで、ヒラノ准教授はスタンフォードでの3年間を思い出していた。

西岸海洋性のすばらしい気候。ジューシーなメロン。広くて美しいキャンパス。スペイン風の格調高い建物。世界最高の教授陣と優秀な学生たち。週末に訪れたヨセミテ、モントレー、カーメル、そして霧のサンフランシスコ。ヒラノ准教授はここで過ごした3年間で、全く新しい人生をスタートさせたのだ。

ターマン・エンジニアリング・ビルディングのオフィスで、ダンツィク教授はにこやかにヒラノ准教授を迎えた。65歳を超えても、ダンツィク教授は意気軒昂《けんこう》だった。これから先も頑張って、ノーベル賞〝二度目の正直〟を勝ち取ろうと考えていたのである。

「モントリオールでは、ご挨拶もせずに失礼しました」

「次は日本だと思っていたので、がっかりしたよ」

「私も残念ですが、準備不足でしたから敗けても仕方がないと思って、諦《あきら》めることにしました」

「年寄りたちは、ボンより日本の方が良かったと言っていたよ。でも、88年は日本に決まったようなものだね」

〝88年といえば9年も先の話だ。そんなに遠い先のことを、今考えても仕方がない――〟。日本の仲間たちが、9年後の東京誘致を目指して動き出していることを知らなかったヒラノ准教授は、あのような屈辱を味わうのは一度で十分だと思っていた。

その晩ダンツィク教授は、ヒラノ准教授を自宅に招いてサーモン・ステーキをご馳走して下さった。海に近いスタンフォードのサーモンは、内陸インディアナのサーモンより遥かに美味だったはずだ。しかしヒラノ准教授には、これを楽しんでいる余裕はなかった。

肛門問題もさることながら、リビングに飾られた様々なギフトの中央に、3年前に差し上げた陶器の花瓶が飾られていたからである。日本から運んで行くのが面倒だったので、パロアルトのギフト・ショップで買った安物である。インフレを考えても、ヴェロニカにプレゼントしたものの半額だから、見る人が見れば一目でそれと分かるだろう。

多くのギフトを押しのけて、中央に鎮座している安物の花瓶‼ ダンツィク教授が、これを客人たちに、「Hiroshi の贈り物だ」と説明する様を想像して、ヒラノ准教授は自分の手抜きを悔いた。

その晩、ヒラノ准教授は悪い夢を見た。ベトナム戦線に送られ、銃撃を受けた夢である。留学生時代に海兵隊に徴兵されそうになって、パニックを起こしたときの記憶が甦《よみがえ》ったのだろうか。

ヒラノ青年は、なぜか届いた出頭命令に対して〝未来永劫《えいごう》グリーンカード（アメリカ永住権）を申請いたしません〟という誓約書にサインして徴兵を免れたのだが、この時受けたショックがまだ残っていたのである。

汗びっしょりになって目を覚ましたところ、お尻《しり》がベトベトしている。卵が破裂したのだ。下着もパジャマも血に染まっていた。気に入っていたパジャマとも、これでお別れだ。シーツも少し汚れたが、下のマットレスはセーフだから、追加料金を払う必要はないだろう。

破裂したあと痛みは減ったが、卵は双子だった。1つはつぶれたが、もう1つ残っているから、いつまた噴火してもおかしくない。

翌朝ヒラノ准教授は、終夜営業のスーパーでガーゼとバンドエイドを買い込み、お尻をすっぽり包み込んで飛行場に向った。

14 さらばアメリカ

ビジネス・スクール式経営の航空会社

ツイン・ピークの片方が破裂したあと痛みは少し収まったが、その隙《すき》をついてもう1つのピークが成長しはじめた。抗生物質は全部服《の》んでしまったし、十分に消毒したわけではないから、噴火口から菌が入って敗血症になるかもしれない。

ホテルをチェック・アウトしてから成田に着くまで約13時間。荷物を受け取って税関を出るまで1時間。その後バス・電車を乗りついで、筑波の自宅まで4時間。2つのトランクと活火山を抱えての旅は、これまで経験したことのない辛いものになるだろう。

11年前に、アメリカに呼び寄せた家族が、サンフランシスコ空港で墜落事故にあって以来（奇跡的に無事でした）、ヒラノ准《じゅん》教授は飛行機恐怖症候群に悩まされてきた。

搭乗前日には、きまって激しい神経性の下痢に襲われたくらいである。しかし今回その恐怖は、より現実的な恐怖、すなわち火山爆発に覆《おお》い隠されていた。10時間のフライトは、ワインとビールでやり過ごすしかない。

たっぷり余裕をもってホテルを出たつもりだった。ところが渋滞に巻き込まれて30分を浪費した上に、レンタカーの返却に手間取ったため、ゲートについたときは、出発時間まで2時間を切っていた。急いでチェック・インしようとしたところ、昨日コンファームしたというのに、席がないという。

折からクリスマス休暇シーズンで、東京行きのフライトはどれも満席である。ノースウエストの係員は、「1泊分のホテル代プラス50ドルを提供致しますので、もう1日サンフランシスコ見物でもなさったらどうですか」なんてとんでもないことをいう。

かねて噂《うわさ》に聞いていたとおり、アメリカの航空会社は、座席数を超える客に予約を出す〝オーバー・ブッキング方式〟で収益向上を図っているのだ。このアメリカ的〝金で何とでもなる〟経営方法は、ビジネス・スクール出身者が編み出したものに違いない。

もし自分がフリーターで、肛門問題を抱えていなければ、しめたと思ったかもしれない。しかし、一刻も早くアメリカから逃げ出したいヒラノ准教授は断固これを拒否し、「私は絶対にこの飛行機に乗らなくてはならないのだ!!」と絶叫した。するとカウンターの奥から出てきた男がマイクで叫んだ。「ホテル代プラス50ドルで、誰か座席を譲ってもらえませんか」

するとヒッピー風の青年がこれに応じて、たちまち一件落着と相成った。

このときヒラノ准教授は、家族の墜落事故以来二度と乗らないと誓ったJALの方が、アメリカの飛行機会社よりはましだと感じた。

(何日も履いた)靴下のどれがより臭くないか、という選択のようなものだが、日本的経営のJALの方が、ビジネス・スクール経営のノースウエストよりずっとましだ(この事件以来、どうしてもアメリカの飛行機に乗らなくてはならないときには、2時間半以上前にチェック・インするよう心がけている)。

割り当てられたのは、3人席の中央だった。しかも通路側に座っているのは、120キロはあろうかという黒人で、身体《からだ》が椅子からはみ出している。トイレに行くとき、問題の肛門を抱えてこの男を乗り越えるのは容易でない(運が悪いことは重なるものだ)。

破綻《はたん》・別居・離婚

離陸前にトイレに入って武装を固め、シート・ベルトを締めたところで、急に涙が出てきた。

ヒラノ助教授（飛行機に乗ったところで、准教授は助教授に戻りました）は、1968年から79年までの11年間のちょうど半分を海外で過ごした。そのうちの4年半はアメリカである。今度の選挙でリーガンが大統領になったら、この人がその職に止《とど》まる限り、アメリカに足を踏み入れないつもりだった。

核戦争で文明が滅びなければ、いずれまた来る日はあるだろう。しかし確実なことは、もう二度とアメリカに〝住む〟ことはないということだ。

〝私は間もなく40歳の大台に手が届く。子供たちは、これから先受験シーズンを迎える。長男が大学を卒業する頃には、12歳違いの次男が中学に入るから、妻は20世紀一杯日本を離れることが出来ない〟。

若いうちはともかく、40歳を過ぎた男が1人でアメリカ暮らしをするリスクは、どのようなメリットをも上廻る。これから先はアメリカにサービスするより、日本に腰を落ち着けて、日本のために働くべきではなかろうか。

スタンフォードで蜜月《みつげつ》生活を送ったアメリカとの〝結婚〟生活は、ウィスコンシンですでに破綻していたが、ウィーン時代に別居生活に入り、パデューで離婚が成立したのだ。こういうときには、「私は故郷に帰ります。お世話になったあなたを、海の向こうから見守っています」と言うのが紳士というものだろう。

離陸後の〝魔の3分〟は無事に過ぎ、水平飛行に移ったあと食前の飲み物が出た。そこで早速、赤ワインの小瓶を2本注文した。するとふてぶてしいスチュワデスは、1本にしてくれという。〝何なんだ、ノースウエストは!!〟。このとき、窓側席の若いビジネスマンが口を挟んだ。

「1本飲んでから、もう1本注文なさったらどうですか」

「え？ 1本というのは、1回につき1本ということですか？」

〝飛行機の中では飲まずに、家に持ち帰ることを警戒しているのだろうか？ 思い当たる節が無いではないが、それにしてもケチな奴《やつ》らだ〟。

そこで1本飲みほしたあと、もう1本注文すると、スチュワデスは新しいボトルを手渡してくれた。〝やっぱりそうなのか〟。

一流ビジネス・スクール出身のMBA

これがきっかけで、窓際《まどぎわ》の座席に座っていた30代半ばのビジネスマンは、ヒラノ助教授に話しかけてきた。

「大学関係の方ですか?」

「そう見えますか? 8月からパデュー大学のビジネス・スクールで、ORを教えていました」

「ORですか。学生時代に習いましたが、難しくて良く分かりませんでした」

「ORを勉強なさったということは、ビジネス・スクールのご出身ですか?」

「そうです。ところでパデューはいかがでした?」

「大学のランクは低くても、学生は良く勉強していましたね」

「日本の学生は、余り勉強しないようですね」

「一番勉強しないのは、経済学部の学生でしょう。日本にはマルクス経済学の教授が多いので、企業サイドはあまり勉強しない方がいいと思っている、という説もあります」

「マルクス経済学?」

「マルクス経済学をご存じない？　それは結構なことで」

アメリカ人の中には、何も知らない人が大勢いる。例えばマディソンの銀行の窓口係は、パリがフランスにあることすら知らなかった（これ本当の話です）。しかし、MBA保持者ともあろうものが、マルクス経済学を知らないとは、これいかに。

「日本はこれがはじめてですか？」

「いや、コンサルティング会社で働いているので、仕事の関係でちょくちょく来ます」

「ボストンとかアーサー・アンダーセンとか」

「そんなところです」

「そうですか。どのような企業を相手にしているのですか？」

「大企業から中小企業まで、業種もいろいろです。日本企業は本当にいいお客さんです。われわれの提案を素直に受け入れてくれるし、金払いはいいですしね。皆さん頭がいいのだから、外部の力を借りる必要はないのに、われわれを稼がせてくれるいいお客さんですよ」

「日本語が分からないと、日本企業の実態を調べるのは大変でしょう」

「そのあたりは大丈夫です。いろいろなケースを扱ったサンプルがありますから、それを組み合わせてレポートを作り、あとはプレゼンをうまくやればいいのです」

「なるほど。日本人がアメリカに弱いところをうまく利用するわけですか。もっとも私自身も、アメリカに留学するまでは似たようなものでしたがね」

「どちらに留学していらしたのですか？」

「スタンフォードです」

「そりゃすごい。あの大学は、間違いなく今では世界一です。私はバークレーですが、とてもスタンフォードには叶《かな》いません」

「私はエンジニアリング・スクールでしたが、当時はバークレーの方が上でしたよ。パデューもいいところでしたが、イラン大使館事件のあと、イラン人学生が白頭巾《しろずきん》の男たちに暴行されるのを見て恐ろしくなりました」

「イランは許せないですよ。それにカーターには全く失望しました。アメリカの諜報《ちょうほう》能力がここまで落ちたのは彼のせいです。私はもともと共和党支持ですが、この間の選挙でカーターに投票したことを、今でも悔やんでいます」

「じゃありーガンですか。あの人はカリフォルニア州知事時代に、予算カットなどでバークレーを苦しめた悪い奴でしょう。リーガンが大統領になったら、アメリカのイメージも随分変わりますね」

「リーガンはお嫌いですか？　いろいろ言われているけど、今のような時代には、ああいう強硬派が大統領になった方がいいと思っています」

「なにか恐ろしいですね」

「リーガンでなくても、ブッシュでもいいですよ。インフレを退治して、ソ連やイランからアメリカを守ってくれる人なら誰でもいいんです」

すきっ腹にワイン2本で、ヒラノ助教授は饒舌《じょうぜつ》になっていた。間もなく待ちかねたランチが出てきたが、中身は大きいだけが取柄のステーキだった。〝このようなものを食べるのも、今回限りか〟。

ムシが良すぎるコンサルタント

食事の後、ビジネスマンはまた話しかけて来た。

「せっかくお知り合いになったので、名刺をいただけませんか」

筑波大学助教授と書かれた名刺を渡すと、先方も名刺を差し出した。そこに記されたDavid Goldbergという名前からすると、この人は多分ユダヤ人である。

「差し支えなければ、あなたの退職後のプランを聞かせて頂けませんか？」

「退職後のプラン？　そんなこと考えたこともないですよ。20年も先の話ですから」

「何も考えていないんですか。それは驚きましたね。私はいま35歳ですが、10年したらリタイアしようと思っています。貯金が100万ドルあれば、金利と年金で優雅に暮らせますからね」

「いまの金利高は、そう長くは続かないでしょう。それに年金だって、45歳でリタイアしたらそんなに貰えないでしょう」

「年に20％は無理だとしても、うまく運用すれば10％は稼げますよ。それにうちの会社は、結構いい年金を出してくれるんですよ」

「そんなに早くリタイアして、何をやるのですか？」

「大型ヨットを買って旅行するんです。実は子供の頃、叔父さんのヨットに乗って、ボストンから大西洋へ出てセントローレンス川を遡《さかのぼ》り、五大湖を通ってシカゴに出てミシシッピを下り、ニューオリンズまで行ったことがあります。あれを自分でやってみたいんですよ」

「五大湖は全部繋《つな》がっているのですか？　知らなかったなあ。それで、どのくらい時間がかかるんですか？」

「1周で5ヶ月くらいですね」

「へえー。あとの7ヶ月はどうするんですか？」

「またはじめからやるんです。飽きたら今度は南米まで行く。行きたいところはいくらでもあります。イヤなことは早くおしまいにして、体力があるうちに人生を楽しみたいんですよ」

「そりゃ凄い。アメリカ人は違いますね。40歳になる前から、そんなこと考えている日本人なんているかなあ」

「私の仲間は、みんな何年も前からリタイア後の計画を練っていますよ」

「45になるまでに、一生遊んで暮らせるほどのお金を貯《た》められる人は、日本には100人に1人、いや1000人に1人も居ないでしょう。私は来年40歳になりますが、貯金は2万ドルもないし、これから先も子供の教育費がかかるから、60歳まで働いてもその後うまくやっていけるかどうか分かりませんよ」

この男がビジネス・スクールを出たのが30歳のときだとすると、15年かそこら働いただけであとは遊んで暮らそう、しかもその資金は、いい加減なレポートを書いて、金払いのいい日本人から頂戴《ちょうだい》しようというのである。ヒラノ助教授は急に不愉快になった。

〝西洋人にとって、仕事はoccupation、即《すなわ》ち出来ることならやらずに済ませたいものだそうだが、人生75年のうち15年しか働かないで、あとは日本人から掠《かす》め取った金で遊んで暮らそうというのは、ムシが良すぎるのではないか〟。ムシがいいのは、何もゴールドバーグ青年だけではない。ビジネス・スクール出身者は、みんなこんな風に考えているのではなかろうか。

幸い映画が始まり機内が暗くなったので、会話は途切れた。そして、それからあと眠った振りをしているうちに、本当に眠ってしまった。

危機一髪

眼を覚ましたのは、日付変更線を越えたあたりである。あと4時間ほどで日本に着く。もう少しで家族に会えるのだ。トイレで武装を改めたが、幸い機内で爆発することはなさそうである。ところが無理な姿勢で眠ったためか、腰の辺りに違和感があった。

ゴールドバーグ青年はまた話しかけてきたが、もうこの人とまともに話す気になれなかった。

成田に到着したのは、夕方4時を少し廻った頃である。家に電話して妻と息子の声を聞き、張り詰めた気持ちが緩んだのがいけなかったのだろう。回転荷台からトランクを持ち上げたときに、腰の付近でメリメリという音がして、あのイヤな感覚が襲ってきた。

3回目のギックリ腰になってしまったのである。一旦《いったん》やってしまったら、数時間後には歩けなくなる。それから先3日間は、ただ痛さを耐えて過ごすしかない。

このあとの数時間は、一生で最も辛《つら》い時間だったといっても過言ではない。タクシーは、ろくな道が通っていない筑波など乗車拒否である。バスに乗って東京駅に着いたあたりで、痛みは8合目まで来ていた。よちよち歩くのがやっとである。お尻の痛さは腰の痛さの陰に隠れていたが、どうやら爆発したようである。

お尻は血まみれ、腰はギックリの男が家族の元に送り届けられたのは、クリスマス・イブの夜9時過ぎだった。

思えば際どい帰還だった。もし成田でなく、サンフランシスコでギックリ腰になっていたら、10時間のフライトに耐えられただろうか。耐えられたとしても、成田で入院してそのまま年を越したかもしれない。

真っ青な顔でワナワナ震える夫を見て、妻は仰天したはずだ。実際、このあと何年にもわたって、この夜の出来事は家族の間で語り草になった。

15　アメリカの呪縛《じゅばく》

醒《さ》めた夢

かかりつけの内科医に、急遽《きゅうきょ》肛門科兼整形外科医として応急処置を施してもらったあと、抗生物質と痛み止めを服んで、正月までの1週間を寝たきりで過ごした。トイレに行く回数を減らすべく、飲まず食わずで過ごしたおかげで、アメリカで溜《た》め込んだ2キロの脂肪は、年を越える前に燃え落ちた。

この1週間、ヒラノ助教授は日本に戻った安堵《あんど》感《かん》の中で、離別したアメリカについて考えていた。折から、12月27日にアフガニスタンでクーデターが発生したのを機に、ソ連が軍事侵攻を開始した。この結果、10年続いた東西デタント（緊張緩和）は完全に崩壊した。

アメリカで何が起きているのか、おおよそ予想がついた。あのときはまだ態度を決めかねていたスタンフォードの知り合いも、この事件でカーターに見切りをつけたに違いない。もはや、リーガン大統領の出現を止めることは出来ないだろう。M新聞の〝ワシントン特派員は、いまでも坊主頭にならずに済むと思っているだろうか〟。

4年間の教育・雑務マシーン生活から脱《ぬ》け出し、パデュー大学を訪れたヒラノ助教授は、B級ビジネス・スクールの実態を知った。

それまでに訪れたのは、AAA級のスタンフォード大学OR学科と、AA級のウィスコンシン大学「数学研究センター」だった。AAA級の大学には、AAA級の教授とAAA級の学生がいた。しかしB級大学に居たのは、B級の教授とB級の学生だった。

A級と呼べるのは、アンディ・ウィンストンのほか数人だけである。そしてこれらの人も、次々とA級大学に移って行った。つまりアメリカの大学は、完全な輪切りになっているのである。

アメリカのB級大学はB級の人達の集まりだから、そこで暮らして得るものはあまりない。あるとすれば、ティーチング・スキルと、女子学生のとんでもない要求を撃退する方法くらいである。

一方日本の場合、B級大学の教員の中にもA級の人が混じっている。日本の大学はアメリカほど流動性がないからである。つまりアメリカのB級大学に勤めるくらいなら、日本のB級大学の方がましだということである。

ヒラノ助教授は長い間、アメリカのAA級大学のポジションを手に入れたいと考えていた。だから松井秀喜《ひでき》やイチローが、大リーグに移籍した気持ちは良く分かる。しかし野球選手同様、AA級のポストをキープ出来るのは、AAA級大学でPh.D.を取った人の3人に1人に過ぎない。

しかも日本と同様、人事は実力だけで決まるわけではない。こう書くと驚く人もいるだろうが、情実人事はアメリカにも存在するのである。

この件については、ヒラノ助教授にも思い当たる節があった。7年にわたってほとんど論文を書かなかったバークレーの助教授が、解雇されずに済んだこと、大した業績が無いスタンフォード大学助教授が准教授に昇進したことなど。

このことをよりストレートに指摘したのが、A級大学勤めのギリシャ人教授P氏である。AAA級大学のポストを狙《ねら》っているP教授は、AA級以上の大学の人事を細かくチェックしていた。そして、あちこちの大学で情実人事が横行している事実をつきとめたということだ。

かつてヒラノ助教授は、アメリカのAA級ポストを狙っていたが、AA級ユダヤ人と戦って、このポストを手に入れる実力がなかった。優れたユダヤ人は、ヒラノ助教授が逆立ちしてもかなわないくらい優れていた。

ケネス・アロー、エゴン・バラス、ジョージ・ダンツィク、レイ・ファルカーソン、ラルフ・ゴモリー、ロイド・シャプレーなどの第1世代研究者。

またスタンフォードで知り合った友人の中にも、リチャード・ブレント、スタンリー・プリスカ、ユリエル・ロスブラム、マーティン・プターマンといった、頭がよく人柄もいい天才がいた。

自分には、アメリカのA級大学教授は務まらない。しかし、A級の教育者になる自信はある。アメリカのビジネス・スクールで、金（だけ）が目当てのMBAを目指す学生にアメリカ流経営戦略を教えるより、日本の真っ当なエンジニアに真っ当な知識を教える方が、遥かに有意義ではなかろうか。

週7コマの講義をこなすことによって、ヒラノ助教授は自分のティーチング能力に自信を持った。これから先、更にティーチング・スキルを磨き、後輩のために優れた教科書を書こう。これなら誰にも負けない自信がある。

実際、友人と協力して1年前に出版した教科書『非線形計画法』は、仲間や学生たちの高い評価を得ることが出来たではないか。次々と米国に匹敵する教科書を書き、それを使って学生たちを教育する。

〝教科書を書いても研究業績にはならないが、いずれ面白い研究テーマが見つかるまでこれで食いつなぐ。そしていつの日にか大きな鉱脈を探り当て、アンディの戦略を応用して論文を量産しよう――〟。

10代の昔から30年間、ヒラノ助教授を縛り付けてきたアメリカは、ギックリ腰から解放されたときには過去のものになっていた。

バック・トゥ・ツクバ

明けて1980年は、8年間の筑波生活で最も忙しい年になった。肛門火山を抱えて、年明けから週7コマの講義、学期末に2週間分の補講、試験と採点、入試監督、そして年度末の様々な雑務。その合間に大学病院で診察してもらったところ、

「完全痔瘻《じろう》です。手術しなければ治りません」

「そうですか。退院までどのくらいかかりますか？」

「最低2週間の入院が必要です。しかし、これは難しい手術なので余りお薦めしませ

ん。暫《しばら》く様子を見た方がいいでしょう」との御託宣。

ここで、2週間も入院しているわけにはいかない。この結果ヒラノ助教授は、2度目の大爆発が起きるまで、10年にわたって大痔主として過ごすことになった。

領土を割譲した時点で学科内の権力闘争は終息したものの、教授になる道は完全に閉ざされた。かくなる上は、この大学に見切りをつけてよそに移るべきだが、4年をムダに過ごした男には、招《よ》んでもらうための条件である業績が足りなかった。

74年から75年にかけてのウィーン滞在中に3編の論文を書き、いいスタートを切ったはずだったが、その後4年間鳴かず飛ばずの生活を送った。75年以降、夏休みを利用して2編の論文を書き学会誌に投稿したものの、レフェリーは予想以上に厳しいクレームをつけてきた。

ワープロという神器が存在しなかったこの時代、数式入りの英文論文の入力には大変な手間が必要だった。自分でやっている余裕はないので、外注しようとしたところ、文部省から派遣されている〝特高〟事務官曰《いわ》く、

「先生はこの間、IBMの電動タイプライターを購入なさいましたね。あれは論文をタイプするためじゃなかったんですか⁉」

確かにヒラノ助教授は、購入申請書類にそう書いた。粘り強い交渉で外注を認めて

もらったが、大幅改訂が必要になれば、もう一度事務官とやりあわなくてはならない。その上ヒラノ助教授には改訂している時間も、事務官と交渉する気力もなかった。

〝（英文）論文を書かない人は研究者とはいえない〟。ビッグ・バッド・ウォルフだけではない。アメリカの研究者は誰もがこう考えている。しかし、日本人が英文の技術的論文を一流ジャーナルに掲載してもらうためには、いくつもの困難なハードルがあった（英文論文の入力が手軽に出来るようになったのは、1980年代半ば以降である）。

ところがパデュー大学には、数式入り手書き論文を上手にタイプしてくれるスーパー・セクレタリーがいた。そこで、1ヶ月で書きあげたテキストを渡したところ、あっという間に綺麗《きれい》な文書が仕上がってきた。

11月のはじめに投稿した論文は、翌年1月に受理され、7編目の論文になった。見事なタイプの仕上がりに圧倒されたレフェリーが、内容を十分チェックしないで通してくれたのかもしれない。

パデュー大学に滞在している間、月・水・金はまるまる自分の時間だった。雑務や権力闘争から自由になったヒラノ准教授の脳には、1つか2つの空きレジスターが出来ていた。この時間とスペースを利用してもう1編の論文を書き、帰国直前に投稿した。

自分では大した内容だと思わなかったが、思いがけないことに、レフェリーからは何のクレームもつかず、80年3月に合格になった。そして、その後間もなく印刷されたこの論文が、日本ＯＲ学会の最高の賞を受賞することになったのである。

16　レーガンのアメリカ

ジョン・ウェイン的アメリカ

１９８０年11月の大統領選挙は、ロナルド・リーガンの歴史的大勝利で終わった。ジミー・カーターは一般投票で41％の支持を得たものの、勝ったのはワシントンＤＣと出身地のジョージア州のほか５州だけという惨敗《ざんぱい》である。

帰国直後に起こったソ連のアフガニスタン侵攻、翌年４月のイランの米国大使館員救出作戦の無様な失敗などで、ヒラノ助教授はカーターの敗北を確信した（なお、この事件は２０１２年度のアカデミー作品賞を受賞した『アルゴ』という映画に詳しく描かれている）。

それまでカーター優勢の記事を書き送っていたＭ新聞のワシントン特派員も、この事件のあと軌道修正を余儀なくされた（ただし坊主《ぼうず》にはならなかったようだ）。

ロナルド・リーガンは、大統領就任のあと自らの呼称を〝レーガン〟に改め、富裕層に対する大幅減税と大軍拡政策を打ち出した。〝減税を行えば税収が増加する〟というラッファー理論にもとづく税収増を先取りして、ソ連を叩《たた》きつぶすための大軍拡を行うという政策は、まともな経済学者たちからはブードゥー・エコノミクス（呪術経済学）と酷評されたが、レーガンは全く動じなかった。

サッチャーとともに、〝悪の帝国〟ソ連撃破に立ち上がったレーガン大統領は、第七騎兵隊を引き連れてインディアン殲滅《せんめつ》に向かう、カスター将軍を思い出させた。

小学生時代以来、ヒラノ青年は沢山の西部劇を見た。どれも面白かったが、ジョン・ウェインが出る西部劇はどこか違和感が残った。そうでなかったのは、出世作の『駅馬車』だけである。

正義のためには、何にも妥協せずに一直線に突き進む勧善懲悪男。『拳銃無宿《けんじゅう》』『硫黄島の砂』『騎兵隊』から『アラモ』に到《いた》るジョン・ウェインは、いわゆる〝ジョン・ウェイン的アメリカ〟の体現者だった。

これに比べると、『怒りの葡萄《ぶどう》』『荒野の決闘』『ミスタア・ロバーツ』『十二人の怒れる男』でヘンリー・フォンダが演ずる主人公は複線的である。ストレートに割り切って直進するジョン・ウェイン。様々な選択肢を考慮しつつも、最終的には断固たるアクションを取るヘンリー・フォンダ。

トルーマンに始まる、第2次世界大戦後の12人の米国大統領の中で、最もジョン・ウェイン的なのがレーガン、最もヘンリー・フォンダ的なのがケネディではないだろうか。

キューバ危機で様々な選択肢を考慮しつつも、結局はキューバ封鎖に踏み切ったケネディ。その結果、世界は滅亡一歩手前まで行ったが、相手がフルシチョフだったこと、そしてケネディ自身が複線的思考回路を持っていたことによって、ギリギリのところで破滅は回避された。

しかし、レーガンの場合はそうはいかない。しかも、相手は強硬派ブレジネフだから、1つ間違えば両者譲らず全面核戦争まで行くだろう。事実、世界終末時計はこのとき核戦争勃発《ぼっぱつ》4分前を指していたのである。

83年にレーガンが打ち出したのが「SDI構想」、俗にスター・ウォーズ計画と呼ばれる破天荒な戦略である。ソ連のミサイルが発射された瞬間に、宇宙ステーションからレーザー光線でミサイルを撃墜するという構想である。

ある計算機科学者が弾《はじ》いたところでは、このようなシステムを実現するためには、6500万ステップのプログラムを作る必要があるという。それまでに人類が作り上げた最大のソフトウェアの10倍の大きさである。このようなソフトウェアが、いつでも正しく動く保証はない。

1つでもバグがあれば、誤動作を起こすことは十分にありうる。そして、一旦誤動作したら最後、ソ連の大量報復によって地球は破滅だ。

ヒラノ教授はレーガン大統領と、その大統領を支持するアメリカが恐ろしかった。ヘンリー・フォンダ的な思慮深いアメリカは、どこに行ってしまったのか。

6年ぶりのアメリカ

レーガンが大統領でいる限り、アメリカの地を踏まないつもりだったヒラノ教授は、85年3月に誓いを破った。スタンフォード大学で開かれる、OR学科設立20周年記念の祝賀会にあわせて、ジョージ・ダンツィク教授の満70歳を記念するパーティーが開催されることになったからである。

1971年にスタンフォードを卒業して以来、ヒラノ教授は年に1回はダンツィク教授にお目にかかる機会を作った。しかし、83年に情報処理学会の招きで教授が日本を訪れた時以来、もう2年もお目にかかっていない。満70歳の祝賀兼現役引退パーテイーに欠席すれば、あとあと悔いが残るだろう。

その上、２年前に国際数理計画法学会の会長に就任した、シカゴ大学のアレックス・オルデン教授に会わなくてはならない用事があった。

〝モントリオールの屈辱〟のあと、日本では若手研究者を中心に、国際シンポジウムの日本誘致を目指した活動が開始されていた。そしてパデュー大学から戻ったときには、80年4月に新設される予定の「数理計画法研究会」の主査に就任することが、本人の了解なしに決まっていたのである。

〝頼まれたことは断らない〟をモットーとするヒラノ教授は、この仕事を引き受けた。以後このグループは、毎月１回の定例研究会と年１回の本格的シンポジウムを開催し、内外に存在感を高めていった。

アレックス・オルデン教授から、〝１９８８年のシンポジウムを、日本で開催してもらえないだろうか。最終決定は85年夏のＭＩＴシンポジウムのときに行われるが、それに先立って打ち合わせをしておきたいので、アメリカに来る機会があれば連絡されたし〟という手紙を貰《もら》ったのは、85年の春である。

祝賀パーティーのあと、ヒラノ教授はオルデン教授に会った。同席したのは、ダンツィク教授とその盟友であるマーティン・ビール博士の２人である。

なお、70歳で退職するはずだったダンツィク教授は、定年制度が廃止されたため、この後も現役を続けるということだった（その後、OR学科が隣接学科と合体して、マネージメント・サイエンス・アンド・エンジニアリング学科が設立される1999年まで、研究・教育の現場に留まった）。

「われわれが全力を挙げて支援するので、どうかよろしくお願いしたい」というオルデン教授の言葉を、ヒラノ教授は素直に受け止めた。ダンツィク教授をはじめとする、第1世代の権威の下で偉くなった第2世代と違って、自らこの分野を切り開いてきた人たちは、十分信頼に値する人だった。

その年の8月、ヒラノ教授は自信を持ってMITに乗り込んだ。今回の対抗馬は、政治的・経済的に問題を抱えるアルゼンチンだから、どう転んでも負けるはずがない戦いである。

モントリオールのときと違って、アルゼンチン代表は自分たちの役割を知っていたはずである。なぜならオルデン教授は、ウォルフ博士と違って、トリックを仕掛けるような人ではないからである。

MITの理事会では、様々な要求を突きつけられた。役員旅費の全額負担、アメリカ人参加者の旅費の半額負担、ハンガリーの〝恵まれないユダヤ人〟の旅費の全額負担と参加費の免除などである。

いずれも、〝金持ち日本〟から最大限の資金を引き出そうとする要求である。しかしヒラノ教授は、これらのすべてに対して、"No, I am afraid not." "No, we cannot afford to do it." と答えてやり過ごした。

この当時の日本は不況だったから、企業からこれらの要求を満たす賛助金を引き出せる見込みはなかったし、ここでイエスと言っておいて、約束を守らなければ国際問題になるからである。

またハンガリー人を優遇したことが分かれば、アフリカや中南米の恵まれない国から似たような要求が出るかもしれない。そしてこれが前例になれば、次に開催するグループに迷惑をかけることになる。

こう思った人は、ヒラノ教授以外にもいたようだ。会議が終わったあと、あるアメリカ人理事は、「よく頑張ったね」とヒラノ教授の抵抗を労《ねぎら》ってくれた。

理事会の要求を突っぱねたのは、ノーと言ったところで、オルデン会長やダンツィク教授をはじめとする御大たちの希望を踏みにじって、理事たちがアルゼンチンに投票するはずがないと考えたためである(実際その通りだった)。

この結果、実行委員会は過大な負担を強いられずに済んだが、その一方で〝ノーと言える日本人〟は、第2世代の理事の不興を買うことになってしまった。

ヒラノ教授は知らなかったが、東欧圏のユダヤ人優遇は、このシンポジウムの〝不文律〟になっていたようである。北米大陸で開催される時はもちろん、ボンの時にも、ハンガリー人に対する優遇措置が取られていたのである。つまりヒラノ教授は、初めてこの慣例を踏みにじった〝とんでもない男〟だったのである。

スタンフォード時代以来、準ユダヤ人として優遇されてきたヒラノ教授は、この事件によってその特典をはぎ取られた。ダンツィク教授の庇護《ひご》があったおかげで、村八分にされることはなかったものの、その後何回かおやおやと思わせられる事件に遭遇している。

ダンツィク教授をはじめとする第1世代のユダヤ人は、実力と釣り合わない謙虚な人の集まりだった。ナチスの迫害を受けて、新天地に逃げてきた人たちとその子供たちは、自分たちを快く受け入れてくれた人たちに対する感謝の気持ちを失っていなかったのだろう。

彼らは新たな祖国での地位を築くために、刻苦精励した。その努力は実り、世界が瞠目《どうもく》する業績を生み出した。

新しい分野を立ち上げるにあたって、周辺分野から様々な圧力がかかっただろう。

これらのプレッシャーをはねのけて、新分野を作り出した第1世代は、能力的にも人間的にも優れた人たちだった。

一方、第2、第3世代は、第1世代が敷いたレールの上を走ればいい。第1世代の傑出した業績のおかげで、彼らは実力以上の評価を受ける。この結果、彼らの中からときとして実力に見合わない傲慢《ごうまん》な人が発生するのである。

思い出してみれば、1985年のMITシンポジウムでこんな出来事があった。実行委員会が招待した特別講演者が起こした失態に対する、第2世代の理事たちの実行委員長に対する糾弾は、マフィアの集まりで、過《あやま》ちを犯した幹部に対する指弾を彷彿《ほうふつ》させるものだった。

MITの会議で、"No, we cannot afford to do it." を繰り返したヒラノ教授に対して、会議のあとどのような言葉が発せられたか、容易に想像がつく。

レーガンが任期を終える88年までの8年間で、ヒラノ教授がアメリカに足を踏み入れたのは、85年のスタンフォードとMITを含めて3回だけである。

シンポジウムの置き土産

ヒラノ教授は、MITシンポジウムの失態で、学界から事実上〝追放された〟実行委員長（MIT教授）の轍《てつ》を踏まないよう、準備に念には念をいれた。

1988年8月、中央大学の後楽園キャンパスで開催された第13回シンポジウムは、史上最低と酷評されたMITの大失敗を取り戻す完璧《かんぺき》な出来だった。伊理正夫・刀根薫両教授のリーダーシップの下で、30人の有能なエンジニアが協力して開催したシンポジウムは、椿山荘《ちんざんそう》で開かれた晩餐会《ばんさん》と、ハンガリーからの参加者が2人しかいなかったことを除けば、非の打ちどころがないものだった。

晩餐会に集まった200人の外国人（半数以上はアメリカ人）は、〝鳥のように〟高級料理を貪《むさぼ》り食らい、万一のために用意した大量のジャンク・フード（鳥の唐揚げやポテトチップスなど）まで食い尽くす凄《すさ》まじさだった。

「（夫人同伴でない）アメリカ人相手のパーティーでは、はじめにジャンク・フードで胃袋を塞《ふさ》いでおいてから、少な目の高級料理を出すのがコツだ」とフランス人に耳打ちされたが、あとの祭りである。

アメリカ人のこのような性癖を十分承知していたのに、彼らに世界一高価でデリケートな料理を振る舞ったヒラノ教授は大バカ者である。

７００人が集まるシンポジウムの準備は、考えていた以上に大変なものだった。ヒラノ教授は、このために少なくとも３０００時間を投入した。そしてその見返りとして、２つの大きなボーナスを手に入れた。お金に換算すれば、パデューでもらった１時間１００ドルを遥《はる》かに上廻る収益である。

１つは、国際シンポジウムの日本開催によって若い研究者が刺激を受け、世界レベルの研究者が輩出し、当初の目論見《もくろみ》どおり日本が、（一時的ではあっても）モントリオールでコケにされた西ドイツを抜き去り、アメリカに次ぐ世界第２の地位を獲得したことである。

もう１つは、17年間にわたってヒラノ教授を悩ませた難問〝モービー・ディック（双線形計画問題）〟を料理する方法を見つけたことである。このモンスターの生みの親である、ホアン・トイ教授の義理の息子、パン・ティアン・タック博士の講演を聞いて、〝丸のままではダメでも、開きにすれば食べられる〟というアイディアがひらめいたのである。

ヒラノ教授はこのあと20年にわたって、根性がある（あり過ぎる）ベトナム人、（ユダヤ人と対抗する）陽気で働き者のギリシャ人、友情厚くお金に細かいアメリカ人、頭が良くて人柄もいいユダヤ人、故郷を捨てた必死のロシア人、そしてあてになるオタッキーな日本人など、すぐれた友人の協力の下で、「数理計画法」と「金融工学」という2つの分野で、論文量産作戦を展開した。

倉庫の中から1つずつ問題を引っ張り出し、調理法と仕上がるはずの料理を学生に説明すると、6ヶ月後には〝料理のようなもの〟が出てくる。そのままでは客に出せないので、味付けや盛り合わせを工夫する。これにヒラノ教授が作ったサラダとスープ、それにデザートを添えれば出来上がりである。あとはお客様の意見を聞いて、取り入れるべき意見は取り入れて改良を施す。

倉庫に十分な材料がストックされていれば、1〜2年の間に学生の数だけ論文が出来上がる。中には、2年で3つの料理を仕上げる優れ者がいるのが、東京工業大学の強味である。

こう書くと読者は、「お前は仕事を業者に丸投げする役人と変わらないではないか」と批判するかもしれない。しかし、論文書きプロセスで一番難しいのは、問題を探し出すところなのである。

難しすぎれば料理できないし、易しすぎれば客に出せない。このためヒラノ教授は様々な論文を読み、いくつもの研究集会に参加し、10種類に及ぶ専門誌の編集委員を務めていたのである。

問題探しほどではないものの、盛り付け（プレゼンテーション）とお客（レフェリー）とのやりあいにも、あれこれテクニックが必要である。古くからある料理を改良したものであれば、お客は寛容である。しかし、全く新しい料理に対しては極めて厳しい。このような外国人客とやり合って納得させるのは、経験を積んだヒラノ教授の仕事である。

客の中には皿をひっくり返す人もいる。こういう客の場合、どう改良しても食べてくれないので、もっと気質の良いお客がいそうな店（専門誌）に料理（論文）を持ち込む。

これらはすべて、パデュー大学時代に盗み取った、アンディの戦略をまねたものである。ヒラノ教授はアンディに感謝しながら、20年近くにわたって毎年5編以上の論文を量産したのである。

モントリオールの屈辱がなければ、シンポジウムの東京開催はもっと先になっていただろう（開催されなかったかもしれない）。パデューで書いた論文がなければ、東京工業大学の教授ポストは降って来なかっただろう。そしてアンディの秘密を探り出していなければ、論文量産は難しかっただろう。

リッチなアメリカの大学

レーガン大統領が退いたあと、ヒラノ教授は時折アメリカを訪れた。出かける先はスタンフォード、プリンストン、フロリダなどの大学で開かれる小規模な集まりである。

アメリカの大学は一流だけでなく、二流であってもキャンパスは広く美しい。広い国だから当然だ、という考え方もあるだろう。しかしそれだけが理由ではない。

アメリカの大学は、押しなべて日本の大学よりずっとお金持ちである。たとえば、300年以上の歴史を持つハーバード大学は、（リーマン・ショック以前には）2兆円を越える自己資金を持ち、その運用益の中から毎年800億円という大金を運営資金として提供していた。東京工業大学の年間予算（平成23年度で453億円）の2倍近いお金が、毎年黙っていても入ってくるのである。

ハーバードだけではない。イェールは3兆円、プリンストンは2兆円、そして後発のスタンフォードも1兆円を上廻る自己資金を持っていた。一方、日本では最もお金持ちといわれる慶應義塾大学でも、手持ち資金はその10分の1に過ぎない。

スタンフォード大学は、1965年に計算機科学科を発足させるにあたって、ドナルド・クヌース、ジョン・マッカーシー、エドワード・ファイゲンバウムなど、1ダースに及ぶ世界的研究者をかき集めた。また、その2年後に設立されたOR学科も、ケネス・アロー、ジョージ・ダンツィク、ルドルフ・カルマンというスーパー・スターを招聘《しょうへい》した。

これらの教授は、すべてノーベル賞、チューリング賞、フォン・ノイマン賞クラスの学者だから、招聘にあたって（今のお金で）1人あたり最低1億円くらいかかっただろう。また学科を作るためには、オフィスや計算機など20億円以上かかる。

つまりスタンフォードは、50億円のお金をかけて、2つの新学科を作ったのだ。そしてこのお金のかなりの部分は、自己資金で賄《まかな》われたのである。

政府や国民は、日本の大学がアメリカの大学と対等に戦うことを期待している。しかし、1兆円以上の資金を持つアメリカの〝マルキン大学〟に、日本の〝マルビ大学〟が挑戦するのは、（第2次世界大戦時に）B29爆撃機に対して竹槍《たけやり》で立ち向かうようなものである。

では、ハーバードの2兆円はどこから出たお金か。それは、卒業生や企業の寄付の集積なのである。

1つ分かりやすい例を挙げよう。(大金持ちの)スタンフォード大学は、1991年の創立100周年記念事業の一環として、募金活動を行った。目標金額は11億ドル(1ドル120円として1300億円!)である。

この数字を見たヒラノ教授は、さすがはスタンフォードと唸《うな》った。なぜなら、その15年ほど前に行われた、東京大学の100周年記念募金の目標は、10分の1の100億円だったからである。

ではどれだけのお金が集まったか。スタンフォードは目標を上回る12億6900万ドル(1523億円)、東京大学は目標の6割減の40億円である。

経済学者はこれを税制の違いのせいにするだろう。しかしそれだけではない。国民(富裕層)の高等教育に対する考え方が違うのだ。

もちろん普通にやって、これほど集まるわけではない。3ヶ月ごとに、学長や学部長から募金依頼が届くので、500ドル送ったところ丁重な礼状が届いた。ところがそれでは不十分だったと見えて、その後も度重ねて依頼状が届いた。根負けしてもう500ドル送ったところで放免されたが、東大100周年募金のときには1回しか依頼状が届かなかったのに比べると、桁《けた》違いのしつこさである。

スタンフォード大学の卒業生に年4回送られてくる「Benefactor(後援者)」とい

うパンフレットには、100万ドル(1億円)以上のお金を寄付した人の名前がリストアップされている。(リーマン・ショック直前の)2007年秋の号を見ると、2800万ドルを筆頭に1000万ドル以上が3人、100万ドル以上が18人で、計1億2000万ドル。名前が載らない10万ドル単位の人たちの分を併せれば、合計1億3000万ドルは堅い。年に換算すれば5億ドル(600億円)以上である。

これに2兆円に及ぶ自己資金の運用益(過去20年間にわたって、年平均10%以上)や、企業からの寄付、特許料収入などを加えれば、政府からの補助金や授業料のほかに、毎年1000億近い資金が流れこんでいることになる。これだけのお金があれば、毎年3つ4つの研究施設を新設しても、財政基盤はびくともしない。トップクラスの研究者を、世界中からスカウトすることも出来る(実際そうしている)。

ではなぜアメリカの大学には、これほどお金が集まるのか。税制の違いもあるが、最も違うのは富裕層の大学に対する考え方である。

「アメリカで最も優れた産業は大学だ」と言われるほど、アメリカの有力大学は素晴らしい。スタンフォードの1000万坪を筆頭に、プリンストンの60万坪にいたるまで、どの大学も日本の大学に比べて圧倒的に広くて美しい。またサンノゼ州立大学のようなローカル大学も、東工大の大岡山キャンパスより広い敷地を持っている。

このように豪華な施設を維持するにはお金がかかる。若い時代をここで過ごし、格差社会のトップで優雅な人生を楽しんだ彼らは、リタイアしたあと使い切れないお金を前にして何を考えるか。

「最後の審判」を受ける前にやるべきことは、まず貧しい人達に対する支援だろう。しかしそれだけでは、国の発展に貢献することはできない。現役時代に（決してビューティフルとはいえない方法で）財をなしたジョージ・ソロスやジェローム・レメルソンが、大学におカネを出すのはこのためではなかろうか。

アメリカが世界に誇る産業である〝大学〟のキャンパスに足を踏み入れるたびに、ヒラノ教授はアンビバレントな気持ちになる。とてもかなうはずがないという絶望。日本の大学（工学部）は、貧しい割には良く頑張っているという感慨。そして、自分がかつてこの素晴らしいコミュニティの一員として過ごした、という誇らしい気持ちが交錯するのである。

政治家や官僚たちは、日米大学の資産格差を知っているはずである（知らなければ怠慢である）。それにも拘《かか》わらず政府は、大学に対する投資を減らしているのである。

ビフの城

アメリカは、世界一の大学システムを誇る一方で、多くの社会問題と、ミゼラブルな貧困層を抱えている。

89年11月、フィラデルフィアで開かれたアメリカOR学会の研究発表会に参加した折、一流ホテルの前で白人青年が銃を乱射し、それを警官が射殺する現場を目撃して、銃社会アメリカの大都市を訪れるリスクに背筋が凍った。

また州議事堂の表階段で、30代の夫婦と子供2人（1人は乳呑み児《ちのご》）が毛布にくるまって寝ている光景を眼にして、これがいわゆるストリート・ピープルなのかと強い衝撃を受けた。気がつけば、通りのあちこちに物乞《ものご》いをしている老人や親子がいる。

88年の国際シンポジウムのときに、初めて日本を訪れた兄弟子のエリス・ジョンソン教授（ジョージア工科大学）は、「東京にはストリート・ピープルが居ない」と言って羨《うらや》んでいたが、フィラデルフィアには、ヒラノ教授が眼にしただけでも数十人はいた。

アメリカ東部の冬は寒い。これから先、春が来るまでの4ヶ月をどうやって凌《しの》ぐのだろう。もしかするとこのカップルは、大学を解雇された助教授のなれの果てかもしれないのだ。

その後、日本にもホームレスが増えた。しかしその大半は独身者で、乳呑み児を抱えた30代のホームレス夫婦は見たことが無い。

79年のアメリカには、ストリート・ピープルはいなかった。このような人が大量に出現したのは、80年代以降である。これこそが、レーガンの置き土産なのだ。

フィラデルフィアからの帰路、ヒラノ教授は飛行機の中で、ロバート・ゼメキスの『バック・トゥ・ザ・フューチャーPART2』を見た。

2015年の世界に迷い込んだ主人公のマーティ・マクフライが、古本屋で〝西暦1950年から2000年に至るカレッジ・フットボール勝敗表〟が記載された年鑑を手に入れ、1985年の現在に持ち帰ろうとする。

これを横取りした悪童ビフが、賭《か》けで連戦連勝して大富豪になり、1985年には〝ビフの城〟と呼ばれる超高層ビルの最上階で、マーティの母親を妻として、取り巻き連中と享楽《きょうらく》にふけっている。その一方で一般庶民は、寒風吹き荒《すさ》ぶ地上で最低レベルの生活を送っている。

結末は、1955年の世界に引き返したマーティが、ビフから年鑑を取り戻してめでたしめでたしとなるのだが、情報を独占して巨大な富を手に入れるワルたちと、それに群がる悪徳集団は、レーガン路線を引き継いだ、〝ブッシュのアメリカ〟の行く先を暗示しているように思われた。

17 エピローグ

1ドル100円の時代

1971年12月に、1ドルが360円から308円に切り下げられたとき、かつて全共闘幹部だったと名乗る同僚の経済学者は、「もうアメリカの時代は終わった。いずれ遠くない将来、1ドル100円の時代がやって来る」と予言した。

これに対してヒラノ青年は、「アメリカには、優れた大学システムがある。このシステムが健在な限り、アメリカの根幹は揺るがない」と反論した。

するとその経済学者は、「大学など何の役にも立たない」と応酬した。全共闘幹部と論争して勝てるはずがないと考えたヒラノ青年は、引き下がることにした（ヒラノ教授は、未《いま》だかつて経済学者との論争に勝ったためしがない）。

80年代に入って、アメリカは半導体、自動車などで日本に追い上げられ、苦境にあるかに見えた。しかしこの頃アメリカは、シリコンバレーや国道126号線を拠点に、新たな産業を生み出しつつあった。そしてその核になったのが、スタンフォードなどの大学だったことはよく知られている。

ヒラノ青年がアメリカに留学した1968年、スタンフォード大学は時速100キロでフリーウェイを走るムスタングだった。その快適な乗り心地に、ヒラノ青年は夢中になった。ところがスタンフォードは、70年代に入って急加速し、時速200キロのレーシング・カーになった。

77年のアップル・コンピュータに始まり、98年のグーグルに到《いた》るIT産業や、80年代以降のバイオ・テクノロジーの発展に、スタンフォードやMITが果たした役割は特筆すべきものがあった。ヒラノ青年が考えた通り、〝優れた大学システム〟は確かに機能したのである。

それにも拘わらず、86年には1ドル160円になり、その後一時は75円台まで降下した。全共闘経済学者との論争は、傷み分けで終わったのである。

米国文学が専門で、60年以上にわたって愛情を持ってアメリカと付き合った猿谷要《さるやかなめ》氏は、『アメリカよ、美しく年をとれ』(岩波新書、2006)という本の中で、〝世界から嫌われる〟アメリカに苦言を呈している。

どのような国といえども、永遠に大国の地位に止《とど》まることはできない。この真理を知らないのはアメリカ人だけだ、と同氏は言う。

では猿谷氏に対して、「アメリカには、優れた大学システムがある。このシステムアメリカの根幹は揺るがない」と反論できるだろうか。

１９７１年にスタンフォードから戻った30歳のエンジニアは、自信を持って反論したはずだ。しかしその8年後、パデューから戻ったときには、この確信は揺らいでいた。エンジニアリング・スクールとは異なる、ビジネス・スクールのカルチャーを体験したあとだったからである。

スタンフォードの先輩が言っていたとおり、二流ビジネス・スクールの学生の学力は十分とはいえなかった。また、研究よりもコンサルティングに精を出す教授たちのライフ・スタイルにも、クエスチョン・マークが付いた。しかし、それははじめから分かっていたことである。

最も違和感を覚えたのは、本質的な部分をスキップして、テクニックだけを教える〝落下傘《らっかさん》教育〟である。たとえば統計学の場合、基本を省略して統計パッケージの使い方だけを教えれば、実際上の問題を扱う際に大きな間違いを犯す危険性がある（このようなケースは枚挙にいとまがない）。

また逆輸送問題の例で見たように、コストさえ少なければ結果はどうなっても構わないという経営方針を採用すれば、ノースダコタの人たちは凍え死にするだろう。

このようなカルチャーで育った学生が、企業の中で権限を持つと何が起こるか。アメリカの航空会社のオーバー・ブッキング経営や、飛行機で隣に座ったMBAコンサルタントを見れば、答えは明らかである。

ストックされた多数の〝ケース〟の中からいくつかを取り出し、それを適当に混ぜ合わせる。そして個別企業特有の伝統・制約・カルチャーを考慮せずに、〝合理的な〟解を導き出して企業に提案する。

それでうまくいけば、めでたしめでたし。うまくいかなくても、コンサルタントが責任を取ることはない。取るのは巨額の報酬だけである。企業に勤めるMBAたちも、同じ教育を受けたのだから、やることは同じだろう。

1980年当時の日本には、ビジネス・スクールは数えるほどしかなかった。ヒラノ教授が知っていたのは慶應義塾大学くらいだったが、当時はあまり評判がよかったとは言えない。

日本の企業は、その企業の実態を知らないMBAを、そのままマネージャーとして採用するようなことはやらない。新入社員に経験を積ませながら、時間をかけてマネージャーを選抜していくのである。

どの企業にも通用する（はずの）知識を持つ、幹部候補生を育てるための米国流ビジネス・スクールは、日本ではニーズがなかったのだ。

このようなわけで、80年代はじめのヒラノ教授は、〝日本で暮らすと決めた限り、これから先ビジネス・スクールと関係を持つことはないだろう〟と考えていた。

ビジネス・スクールのファイナンス教授

ところが不思議なもので、80年代末に「金融工学」という新分野に参入したヒラノ教授は、嫌でもビジネス・スクールの人達と付き合わざるを得なくなった（まことに、どのようなことでも起こるのがこの世の中である）。

経済学の中で、長い間継子《ままこ》扱いを受けてきたファイナンス（金融）理論は、60年代半ば以来急発展を遂げるのであるが、その担《にな》い手は経済学部ではなくビジネス・スクールだったからである。

ノーベル経済学賞受賞者の4割がユダヤ人だと言われる中で、ファイナンス理論の指導的研究者の半数以上はユダヤ人である。

ORとファイナンスは、20世紀最高の応用数学者ジョン・フォン・ノイマンが生み出した双子である。東海岸の名門プリンストン大学に、「OR&金融工学科」なる学科があることが、その証拠である。ORとファイナンスの違いは、その研究対象がものの世界かお金の世界かだけだ、と言ってもいいだろう。

(ORの主要分野である)数理計画法の研究者だったヒラノ教授が、金融工学に関心を持ったのは、かつてスタンフォードで机を並べた友人たちが、ビジネス・スクールのファイナンス教授として、目覚ましい業績を挙げていたからである。

マイケル・ハリソンとデビッド・クレプス(いずれもスタンフォード大学教授)、スタンリー・プリスカ(ノースウェスタン大学教授)、そしてアンドレ・ペロルド(ハーバード大学教授)の4人である。

70年代末に確立された、「ハリソン=クレプスの定理」は、いずれノーベル賞を貰うだろうといわれるほどの高い評価を得た。またヒラノ教授の弟弟子であるペロルドは、長い間解けなかったハリー・マーコビッツの大型平均・分散モデルを鮮やかに解いて、資産運用に新たな地平を開いた。

ヒラノ教授は、スタンフォードで同期生だったスタンリー・プリスカ教授に手を引かれて、金融工学に参入した。そして、東京工業大学の同僚と学生の協力の下で、ダンツイク門下の後輩であるアンドレ・ペロルドに対抗すべく論文を量産した。

ファイナンス分野で研究するうちに分かってきたことは、経済学出身の研究者の多くは、エンジニアとは全く異なる思考回路を持っているということだった。このように考えたのは、ヒラノ教授だけではない。マイク・ハリソンも同じことを考えていた。

1992年、スタンフォードを訪れたヒラノ教授は、20年ぶりに尊敬するマイクのオフィスを訪れた。この人は、金融経済学者からあれほどの賞賛を得たにも拘わらず、80年代半ばに金融経済学（ファイナンス理論）から撤退し、学生時代以来研究してきた、待ち行列ネットワークに関する工学的研究をやっていた。

「遅ればせながら、数年前から私もファイナンスの研究をはじめました」

「スタン（プリスカ）から聞いたよ。去年『マネージメント・サイエンス』誌に載った君の論文も読んだ。あのモデル（平均・絶対偏差モデル）を使えば、今まで解けなかった難しい問題が解けるかもしれないね」

「読んでいただけて光栄です。しかしあのモデルは、経済学を知らないエンジニアの思いつきに過ぎないと批判されました。また（2年前にノーベル経済学賞を受賞した）マーコビッツ先生も、実用性はあるが均衡理論につながりそうもないので、あまり好きではないと言っておられました」

「均衡理論なんて、実務の役には立たないのだから気にすることはないよ。それより、君は〝あいつら〟とうまくやっていける自信はあるの?」

「〝あいつら〟ですか?」

「そう。金融経済学者のことさ。僕はあいつらと付き合って、いやになった。お金の研究をやっていると、人間は強欲になるものらしい。日本はアメリカとは事情が違うかもしれないから止めないが、あいつらには気をつけた方がいいよ」

人格者であるマイクのあからさまな言葉に、ヒラノ教授は言葉を失った。スタンフォードのビジネス・スクールには、ウィリアム・シャープ、マイロン・ショールズ、デビッド・クレプス、ダレル・ダフィー、ケネス・シングルトンなど、ファイナンス理論のチャンピオンが揃《そろ》っている。

これらの中には、自分で投資顧問会社を経営して、日本の証券会社を足場に〝荒稼ぎ〟している人がいることは知っていた。しかし、そのような人は例外だと考えていた。ところがマイクによれば、誰もが似たり寄ったりだというのだ。お金儲《かねもう》けの知識があるのに、それを使わないのはバカだということだろう。

シカゴ大学のアラン・ブルームは、かつて『アメリカン・マインドの終焉《しゅうえん》』(みすず書房、1988)の中で、同僚である(ミルトン・フリードマンに代表される)金融経済学者を、次のようなどぎつい言葉で批判した。

今ここに〝セックス科学〟という研究分野があるものとしよう。この学問を研究すると、限りない性的快楽が得られるという。金融経済学はそれと同じく、これを研究すれば限りない金銭欲が満たされるようだ、と。

大増殖したビジネス・スクール

このあとヒラノ教授は、ハリソン教授の言葉を嚙《か》みしめつつ20年を過ごした。ゴールドマン・サックス、リーマン・ブラザーズ、ソロモン・ブラザーズなどに勤めるMBAの強欲さは、今では世界中に知れ渡っている。

かつてゴールドマン・サックスに勤めていた神谷秀樹《みたにひでき》氏は、『強欲資本主義ウォール街の自爆』（文春新書、2008）の中で、ウォール街に勤めるMBAの強欲さは、日本人の3乗か4乗だと言っている。

ウォール街のMBAだけではない。彼らを育てた一流ビジネス・スクールのファイナンス教授の中にも、ゴールドマン・サックスの強欲ファンド・マネージャーと同じくらい強欲な人がいた。

しかしヒラノ教授は、ＭＢＡやファイナンス教授が如何《いか》に強欲でも、アメリカで栄華を極めるもう1つの専門職大学院〝ロー・スクール〟の卒業生、すなわち弁護士ほど悪辣《あくらつ》ではないだろうと考えていた。

実はこの頃ヒラノ教授は、カーマーカーの「線形計画法特許」をめぐって、日米の法律家たちとバトルを繰り広げていた。世の中に〝法匪《ほうひ》〟という言葉があるが、世の中で最も強欲な人々、それがアメリカの弁護士である。〝１００万人（！）の法匪に支配されたアメリカに未来はない〟。90年代半ば、ヒラノ教授はこう思って暮らしていた。

しかし、イェール大学ロー・スクール出身のクリントンに替わって、ハーバード大学ＭＢＡのブッシュが大統領になってから、法匪たちの活躍の場はやや狭められた。その代わりに勢力を伸ばしたのがＭＢＡである。

90年代以降、日本でもいくつかの有力大学が、ビジネス・スクールとロー・スクールを開設した。それはグローバリゼーション、すなわちアメリカナイゼーションが進行する中、日本でもアメリカで成功しているＭＢＡ教育や、ロイヤー教育に対するニーズが高まったためである。

アメリカのビジネス・スクールは、いま全盛を極めている。米国とカナダで、４０

0のビジネス・スクールから、毎年10万人以上のMBAが社会に出ているというから、この25年で3倍以上に増えた計算になる。

当然その中身はピンキリである。上位20校にはますます入りにくくなっている一方で、下位の大学の中には、4年制大学を出ていさえすれば、誰でも入れるようなところもある。

たとえば、中央大学理工学部で成績が下から4分の1だった学生が、オクラホマ・シティーにある公立大学のビジネス・スクールに合格している（無事にMBAが取れたかどうかは知らない）。

アメリカには、おカネを出せば学位を出してくれる〝ディプロマ・ミル（学位工場）〟なるものがあるから、別段驚くにはあたらないが、この大学の中身はどのようなものだろうか。

なぜこれほどまでにビジネス・スクールが増えたのか。モントリオールにあるマギル大学のヘンリー・ミンツバーグ教授が書いた、『Managers Not MBAs』（邦訳『MBAが会社を滅ぼす』日経BP社、2006）によれば、いまアメリカの大企業では、MBA資格を持たない人は幹部に登用されないという状況が生まれているからだという。能力さえあれば誰もがトップになれる社会、それがアメリカだったはずだ。だからこそ、世界中から有能な若者がアメリカを目指して集まってきたのである。

MBAでなければ幹部になれないような企業に未来はない。実際ミンツバーグ教授によれば、MBAに支配された企業は、軒並み経営不振に陥っているという。

ワースト・アンド・ブライテスト

アメリカ社会は、レーガン時代にある決断を下した。

〝残念ながらわれわれは、3億人の国民のすべてを豊かにすることは出来ない。すべての人を考えていると、アメリカ全体が沈没する。だから、上位10％（もしくは20％）を優遇して向こう岸に渡ってもらう。そして残りの人たちは、その人たちに引っ張り上げてもらえばいい〟と。これがいわゆる〝向こう岸理論（もしくはトリクルダウン理論）〟である。

上位10％の人たちのモラルが高ければ、この作戦はうまくいったかもしれない。しかし、彼らの多く（MBAや弁護士など）は、自分のことだけを考える〝強欲なビフ〟だった。この結果アメリカは、上位1％の人たちが富の40％を保有する、世界一の格差社会になってしまった。

アメリカには、多くの優れた人が住んでいる。トップに位置する学者の中には、能力・人格・識見の三拍子が揃った人がいる。アメリカの大学は、いまでも優秀な才能に徹底したトレーニングを施し、世界のトップに立つ研究者を育て続けている。しかしその一方で、アメリカの大学は邪悪な才能に組織的なトレーニングを施し、世界のトップ・レベルの強欲な人々を育てることに成功した。

アメリカで暮らした60年代から70年代、ヒラノ青年はベスト・アンド・ブライテストたち――その多くはユダヤ人――に出会った。準ユダヤ人会員証を手に入れたヒラノ青年は幸せだった。学部生時代にその名前に憧《あこが》れた、立派な学者の仲間に入れてもらえたのだから。

ところが80年代以降、ヒラノ教授はワースト・アンド・ブライテストたちの存在を知った。彼らが如何に強欲か、彼らが如何にモラルが無いか。

第1世代の薫陶《くんとう》を受けたヒラノ教授は、それでも彼らと付き合い続けた。ところが、あまりにも強欲・傲慢な人たちと付き合ったヒラノ教授は、（マイケル・ハリソンのように）あるところで〝切れた〟。〝こんな人たちと付き合うのは、もうごめんだ〟。

ところが残念なことに、彼らは益々《ますます》力を伸ばしている。その一方で、ヒラノ教授が知っていたベスト・アンド・ブライテストは、いまや年老いて研究の第一線から退きつつある。

年に4回スタンフォードから送られてくる同窓会新聞には、今から25年前・50年前・75年前の出来事を記す欄がある。

留学から帰った翌年の1972年に届いた新聞で、25年前の記事を目にしたとき、ヒラノ青年は何と遠い昔だろうと思った。25年前のヒラノ青年は、まだ小学校1年生だった。

96年に届いた新聞には、名クォーターバック、ジム・プランケットを擁するスタンフォード大学が、パシフィック・エイト・フットボール・リーグで、南カリフォルニア大学を破って優勝した記事が載っていた。ヒラノ教授の脳裏には、6万人のスタジアムが揺れたタッチ・ダウンが浮かんだ。そして思った。なんと遠い昔だろうかと。

ところが、2005年に届いた新聞で25年前の出来事を読んだとき、それはたった数年前のこととしか思えなかったのである。

1980年はレーガンが大統領に当選した年である。今考えれば、この年がアメリカのターニング・ポイントだったのだ。

80年代以降、アメリカの正義は一旦《いったん》勝利したかに見えた。ベルリンの壁の撤去とソ連崩壊、湾岸戦争、そしてビジネス・スクール出身者がリードする、最新金融技術を駆使したM&Aによる企業価値の拡大、IT産業の興隆と、ロー・スクール出身の弁護士たちの過激な知財戦略。

20世紀最後の10年は、実験国家アメリカの10年だった。しかし2013年のいま、アメリカの正義を支持する人は急減し、アメリカに敵対する人が異常な増殖を見せている。

〝愚者は経験に学び、賢者は歴史に学ぶ〟という言葉があるが、20世紀のローマ帝国アメリカはここで立ち止って200年の歴史を検証し、未来を構築しなおす必要があるのではないだろうか。

残された時間は僅《わず》かである。3人の魔女はマクベスに対して、「バーナムの森が動かない限り、王座は保証される」と予言した。ヒラノ教授は、〝大学が力を失わない限り、アメリカは衰亡しないだろう〟と思っていた。しかしこのまま直進すれば、バーナムの森は動くかもしれない。

時速200キロのレーシング・カーが、アメリカに憧れて他国から流入する人たちによって支えられていることを考えると、大学の将来も決して安泰とはいえないのである。

ハーバード白熱教室

アメリカ信仰を抱く人達は、「リーマン・ショック」以来、アメリカはビジネス・スクール流の利益至上主義を改め、新しく生まれ変わったという。

ここで思い出すのが、政治哲学者で「正義論」の権威として知られる、マイケル・サンデル教授の「ハーバード白熱教室」である。サンデル教授が提起する様々な問題に対して、1000人を超える学生が討論形式で回答を模索する名物授業である。

ニューオリンズの大洪水の際に、業者が建築資材の値段を釣り上げたことをどう考えるか。お金を払って徴兵義務を逃れることをどう思うか。命に値段はつけられるか、などの難問が討議の対象である。

教授の著書『これからの「正義」の話をしよう』(早川書房、2010)は、日本でもたびたびメディアで取り上げられ、大ベストセラーになったので、ご存じの読者も多いだろう。多くの学生が熱心に〝正義〟について討議するテレビ番組を見た日本人は、さすがはハーバードと感心したのではないだろうか。

この授業風景をテレビで見たヒラノ教授は、サンデル教授の教授術に感嘆する一方で、〝それでは、あれはどうなんだ〟という疑問が浮かんだ。

サンデル教授の講義は、昨日や今日始まったものではない。サンデル教授は、1980年以来30年以上ハーバード大学に勤めているのだ。

では10年前、20年前に、この大学から、どのような学生が育ったのか。彼らの中の最も優秀な人たちが、ゴールドマン・サックス、リーマン・ブラザーズ、ソロモン・ブラザーズなど、ウォール街の投資銀行（銀行という名前がついているが、実際は証券会社）に就職したのだ。

2000年代の初め、ハーバード大学の学部生の8割が、金融機関への就職を希望していることを知ったヒラノ教授は、アメリカは大変な国になったものだと嘆息した。

ではウォール街の住民は何をしたのか。『ウォール街』など、沢山のハリウッド映画に描かれた通り、彼らは〝Greed is good（強欲は善）〟の合言葉を口に、〝私の利益は私の物、私の損失はあなたの物〟とばかり、強欲の限りを尽くしたのである。

金融工学の入口を勉強した彼らは、専門家の警告を無視して、価格付け不能なCDSやCDOなどの金融商品を売りまくって、リーマン・ショックを引き起こしたのである。

この事件のあと、ハーバード・ビジネス・スクールは、自分たちの教育方針が間違っていたことを率直に認め、これから先二度とこのような事件が起こらないように、教育方針を改めると宣言した。

そしてそのことを世界にアピールするため、サンデル教授の白熱教室を、その証拠物件として世界に売り込んだのである（とヒラノ教授は考えている）。さすがは、クレバーで抜け目がないハーバードである。

ではハーバードは、本当に変わったのか。

2009年に就任したオバマ大統領は、金融機関の規制強化に手をつけようとした。しかしそれは、金融機関の総反撃で骨抜きになり、ウォール街は再び活気を取り戻している。

製造業が力を失ったアメリカが生きる道は、金融・IT・農業の御三家と、オイル・シェールで活気を取り戻したエネルギー産業である。

リーマン・ショック直後には、金融機関に就職する学生が激減したと言われた。しかしほとぼりが冷めた今、ハーバードMBAたちは再び金融機関を目指しているのではなかろうか。

それでは、サンデル教授の正義論を履修した学生は、ウォール街の強欲に毒されずに済むだろうか。ヒラノ教授はそう思わない。ウォール街は、依然として強欲の拠点である。たとえ正義論を履修しても、学生たちはすぐにそれを忘れるだろう。忘れなければ、ウォール街では生きていけないからである。

その上、彼らは物事は正義だけでは片付かないということを、サンデル教授から学んだ。たとえば、ニューオリンズの建設業者も徴兵拒否も、それをやる側にもそれなりの正義がある、とサンデル教授は言っている。

その意味からいえば、ウォール街の強欲集団にも、それなりの正義があるのだ。

過去にも何度となく、世界を揺るがす経済スキャンダルを起こしたアメリカは、その都度生まれ変わったと言われたが、何年かするとまた大きなスキャンダルが起こる。〝強欲〟はワースト・アンド・ブライテストとともに、ウォール街に住みついたモンスターである。一旦退治されたかに見えても、ほとぼりが冷めると、ゾンビのようにまた生き返るのである。

あとがき

1968年、アメリカに留学する直前、ヒラノ青年は2人の友人とともに、『21世紀の日本　十倍経済社会と人間』（東洋経済新報社）という本を書いた。21世紀初頭の日本は、現在の10倍規模の経済を実現し、アメリカと肩を並べる可能性がある。ではそれを実現するためには、いま何をしなければならないか。また、10倍経済社会にはどのような問題が潜んでいるかなどを〝青臭く〟論じたものである。

1980年代後半、わが国の経済規模は8倍になり、21世紀初頭にはアメリカを追い抜くかに見えた。しかし、バブル崩壊とともにその夢は消え、ピークを過ぎたわが国は、長期低落過程に入ったと言われている。

『21世紀の日本』を上梓した時、われわれは〝10倍経済社会・日本の最大の課題は、アメリカナイゼーションをどのようにとらえるかである〟と書いた。滔々《とうとう》と流れこむアメリカ文化を無批判に受け入れれば、日本はアメリカのような国になってしまうが、それでいいのかと。

しかし今になって考えると、ヒラノ青年は〝日本のアメリカ化〟を現在ほど深刻にとらえていなかった。われわれにはアメリカに学ぶべきことがまだ沢山あると考えていたのである。優れた大学システム、自由な言論、自己責任、ポピュラー・ミュージック、豊かな食生活……。日本は、アメリカの優れたものを貪欲《どんよく》に取り入れた。しかし、優れたものに付随して、困ったものも流れ込んできた。そして今アメリカは、日本のアメリカナイゼーションに関する最終回答を求めている。日本の社会システムを、まるごとアメリカ化するTPP（環太平洋パートナーシップ）がそれである。

果たしてわが国は、これから先もアメリカ化を推進すべきか。それとも、日本的システムを維持すべきか。一方には、グローバリゼーションに生き残る道はこれしかないと主張する疑似アメリカ人。一方には、これで日本は完全にダメになると主張する慎重派。

残念ながらヒラノ教授には、この問題の是非について云々《うんぬん》する能力も気力もない。国民の将来に関する提言を行うには年を取り過ぎたし、われわれの世代は、現在の混迷する日本を生み出した責任者だからである。

一度間違ったからと言って、二度目も間違うとは限らない。こう考えて自信満々に今後の日本を語る人は多い。しかし、一度失敗した人は二度目も失敗する可能性が高いと考えるヒラノ教授は、今後の日本に関する重要な決定は、まだ失敗していない若い世代に任せる方がいいと考えている。

この本は、『ヒラノ教授の事件ファイル』（新潮社、２０１２）の〝単位略取〟の章で紹介した、アメリカの大学の実態をより詳しく知りたい、という読者の希望にこたえるために書いたものである。

30年以上昔の物語が中心であるが、アメリカとアメリカの大学の本質は今もあまり変わっていないというのが、ヒラノ教授の観察結果である。

この本をまとめる上では、いつも通り新潮社の足立真穂氏に、一方ならぬお世話になった。特記してお礼申し上げる次第である。

２０１３年４月　今野浩

文庫版あとがき

パデュー大学から戻った後、10年近くアメリカと疎遠になっていたヒラノ教授は、90年代に入ってから、少なくとも年に2回、1~2週間ずつアメリカ各地を訪れた。88年に東京で開催された国際シンポジウムのあと、さまざまな国際活動に関与せざるを得なくなったからである。

しかし21世紀に入ってから、アメリカに行く機会はめっきり少なくなった。有難いことに、インターネットが普及したおかげで、論文は研究者のホームページからダウンロードできるし、Skypeを利用すれば、研究仲間と言葉を交わすことができるようになったからである。

また歳《とし》を取るにつれて、残り少ない時間を、これまでやってきたことを完成させるために使うべきではないか、と思うようになったからである。新しいテーマに取り組んでも、その分野の専門家として認められるまでには、数年の時間が必要である。ところが、評価されるようになったころには、停年で滝つぼに落ちているだろう（実際に落ちてしまった）。

アメリカに行かなくなったもう1つの理由は、尊敬する大先生や先輩の多くがリタイアしたので、会いたい人が少なくなったことである。

最後にアメリカを訪れたのは6年前、それもわずか3日間に過ぎない。しかし映画、書物、インターネットを通じて、その後のアメリカの実態について、ある程度のことは知っているつもりである。

たとえば、マーク・ザッカーバーグ（フェイスブックの創始者）の学生時代を描いた『ソーシャル・ネットワーク』や、リース・ウィザースプーンの『キューティー・ブロンド』などを見れば、ハーバードの権威がますます高まっていることや、大量の寄付を行った卒業生の子弟などの縁故入学者がますます増えていることが分かる。

また堤未果氏の『沈みゆく大国　アメリカ』（集英社新書）を読むと、21世紀のアメリカは、『バック・トゥ・ザ・フューチャーPART2』に描かれた〝ビフの社会〟そのものになってしまったことが分かる。

一般社会だけではない。大学の間でも格差が広がっている。ハーバード、スタンフォードなどの一流大学は、リーマン・ショックのあとしばらく財政難に苦しんだようだが、株価が回復したおかげで再び競争力を強めている。その一方で、財政基盤が弱い大学には、低賃金の非常勤講師が溢れているということだ。
90%日本人になった後期高齢老人は、これから先アメリカを訪れることはないだろう。用事はないし行きたいところもない。また長時間のエコノミー・フライトに耐える体力がないからである。

今回文庫版を作るにあたっては、『工学部ヒラノ教授』と『工学部ヒラノ教授の事件ファイル』のときと同様、石戸谷渉氏に一方ならぬお世話になった。ここで厚くお礼申し上げる次第である。

2015年7月 今野浩

解説

森山和道

本書は「工学部ヒラノ教授」シリーズの第6弾である。本シリーズは新潮社から『工学部ヒラノ教授』『工学部ヒラノ教授の事件ファイル』と刊行されたあとに（この二つは新潮文庫でも読める）、『工学部ヒラノ教授と4人の秘書たち』が技術評論社から、『工学部ヒラノ助教授の敗戦』と『工学部ヒラノ教授と七人の天才』が青土社から刊行されている。そのあとに続いたのが再び新潮社から刊行された本書の元本『工学部ヒラノ教授のアメリカ武者修行』である。

シリーズではあるものの、各巻の内容はそれぞれ独立している。最初から順番に読む必要はない。本作文庫化を待ちわびていたファンはもとより、たまたま何気なく書店で手に取って、どんな本なのかなと思ってこの解説から読んでいるあなたも、すぐに本作から読み始めて何の問題もない。

改めてシリーズの概要を紹介しておこう。

「工学部ヒラノ教授」は、工学部出身の今野氏が、知られざる工学部の姿をありのままに面白おかしく愉快な筆致で紹介する人気シリーズだ。タイトルはもちろん筒井康隆氏の「文学部唯野《ただの》教授」のモジリである。あちらはフィクションだが、ヒラノ教授は実話ベースのほとんどノンフィクションだと聞いている。いわばノンフィクション・ノベルである。

数理計画法、金融工学の第一人者として知られる今野氏のキャリアは、ビビってしまうほど華麗なものだ。東京大学大学院修士課程を出たあとに財団法人電力中央研究所にいったん就職。留学先のスタンフォード大学の大学院で「オペレーションズ・リサーチ（OR）」でPh.D.を取得されたあと、筑波大学を経て東京工業大学を定年まで務め、その後は中央大学に。そして中央大学を再び定年退職されたあとは「工学部の語り部」として作家活動に従事されている。その一部が本作だ。

工学部時代のあれこれをネタにされているわけだが、なかでも本作は、筑波大学時代にアメリカ中西部インディアナ州にあるパデュー大学に客員准《じゅん》教授として過ごした折の氏の経験をもとにしている。

パデュー大学は日本では、2010年にノーベル賞を受賞した根岸英一氏と鈴木章《あきら》氏らが在籍していたことでも知られている大学だ。

時は１９７９年。日本に勢いがあった時代であり、当時、「ヒラノ准教授」も40歳ちょっと前。まさに働き盛りである。

留学時代に競争世界で勝ち抜き、いったんは「80%アメリカ人・20%日本人」の合理主義者になっていたヒラノ准教授だったが、日本に戻って教育と雑務の山と「ぬるま湯」に浸《つ》かり、再び「日本人度」を上げていた。さらにヨーロッパでの滞在経験も経て、米国とは違う欧州の良さも知っていた。要するに一通り経験を積み、世間の荒波にもまれていたのである。

おそらく中年の読者諸氏なら誰しもそんな時期を通過するだろう。情熱を持ってガムシャラに働いていた若い時期を経て、とりあえず自分が何者であるかは何となくわかってきて、もしかすると不惑の境地にも至っているかもしれない。繰り返す日常のなかで仕事をこなしているかもしれないし、家庭も守っているかもしれない。だが、内心ではまだまだ野心もくすぶっているだろう。そんな時期だ。まだそんな年ではない若い読者の方は、これからそんな時期がやってくるんだなと思って頂きたい。必ずやってくる。

さてヒラノ准教授は、そこにビジネス・スクールへの客員としての招待状を得る。そして自分自身の時間を取り戻さんとアメリカへ旅立つのだ。ビジネス・スクールとは要するに経営学の大学院だ。いわゆるMBA課程である。

アメリカは勝ち組と負け組の差が激しい。しかも勝ち組もあぐらをかいていればいいわけではなく、ひたすら勝ち続けなければならない。

研究者であれば研究マップを持ち、絶えずそれを更新しながら、論文を量産する必要がある。知力・体力共に優れるヒラノ准教授のホスト教授は、生産性維持のために積極的に新分野に参入し、多くの仲間や学生たちを巻き込み、かつ、既存分野のネットワークを捨てずに維持していたという。いわば老舗《しにせ》企業が伝統を大事にしつつ新境地を開拓することで、堅実に規模を大きくしていくようなものだ。

圧倒的な生産性を持つホストの教授、豪華な施設を擁する広大なキャンパス。だが大学以外には文化施設が何もない街。そこで行われる講義は教員と学生の「決闘」だという。また、ヒラノ准教授によれば「アメリカ社会を特徴づける」というパーティー。数組以上の夫婦が個人宅で行うパーティーである。日本よりもアメリカのほうがはるかに面倒臭そうで、個人的にはここが一番興味深いところだった。

そして日本式発想とはまったく異なった、資本の論理が支配するアメリカのビジネス・スクールの発想。折しも時代は経済面では第2次オイルショックによるインフレが起き、政治的には「強いアメリカ」を目指すようになったときだ。ついに学内で起きた白人至上主義者の学生たちによるイラン人留学生殴打事件などを経て、アメリカは勝者にとっては「楽園」であっても敗者にとっては地獄であることを肌で感じたヒラノ准教授は、アメリカを去るのだった。これらあれこれが軽妙な筆致で描かれている。

日本はずっとアメリカに追いつけ追い越せでやってきた。かなりの分野で追いついてしまったと見る人たちも多い。だが、まったくもって追いついていないところがある。それが本書で指摘されている大学の資産格差である。

ヒラノ教授によればアメリカの大学は「世界に誇る産業」だ。日本の大学も学生を相手にした産業ではあるが、アメリカの大学とは本当に桁《けた》が違う。リーマン・ショック前のハーバード大学の自己資金はなんと2兆円を超えていたという。日本ならば運用だけで大学が回ってしまう額だ。これに加えて企業や卒業生からの寄付や特許料収入がある。

よく言われていることだが寄付金の控除の仕組みが違うとはいえ、特許料収入はかき集めてもごくわずか、研究費といえばほぼ「お上」頼みで、予算配分者には何も言えなくなっている日本とはずいぶんな違いだ。あまりに違いすぎて呆気《あっけ》にとられる。

また、アメリカの大学では敢《あ》えて研究分野が近い人たちが同じ学科内に配置されたりしているという。互いに協力したり切磋琢磨《せっさたくま》させたり、逆に積極的に研究内容を差別化するように促せるからである。コミュニティの重要性が、かなり前からアメリカでは意識されていたのだ。日本でも同じことは言われ続けていたはずなのだが、このあたりはアメリカ的やりかたの利点である。

だが、良いことばかりではない。アメリカは格差社会だ。それは大学でも同じで、ヒラノ教授によれば、A級の大学にはA級の教授陣と学生たちが集まっているが、B級の大学にはB級の教授陣と学生たちが集まっているだけだという。

日本ではそうではない。B級の大学にもA級の人材がいる。逆に言えばA級の大学にもB級の人がいるわけで、これは流動性が低いが故《ゆえ》の問題でもあるが、利点でもある。「どこに行ってもいろいろな人がいる」というのは教育機関としては悪いことではないからだ。全く新しいものを生み出すことが期待されている大学にとって、多様性の維持は重要だ。

今回改めて読み直していて、これと同じようなことは他でも言えるのではないかと思った。近年、アメリカでベンチャーが数多く立ち上がり、日本もそれに乗り遅れるなと多くの若者たちがけしかけられ、また夢を見て後を追っている。近年はソフトウウェアだけではなく、ハードウェアを扱うスタートアップが話題になっている。大学も実践的な教育を目指そうと新たなかたちを手探りしているため、大学発ベンチャーを支援する動きも多い。

しかしハードウェアにはソフトウェアとはまた異なった数多くの課題がある。

たとえば実績主義である。日本では実績がないものを導入しようとする企業は少ない。技術は絶えず進むものであり、過去の技術や業績に囚《とら》われすぎると時代に取り残されるだけなのだが、それでも実績がないと採用されない。何かあると導入決定者の責任になるからだ。だから下手なベンチャーはいつまで経《た》っても実績を積むことができず、そのまま消えていくことになる。日本全体にとってもこのサイクルはよろしくない。

法律の規定も厳しい。特に日本国内では、研究室や私有地で動かすことはできても、外で動かしたり、ましてや商品化となると、ベンチャーでは対応不能な大きな壁が立ちはだかっている場合もある。だから規制を緩和するべきだという声も多い。

確かに「なんだそれ」と感じてしまうような規制もある。だがほとんどの規制は、それなりの歴史と理由があって定められているのもまた事実である。

思うに、規制が厳しい、実績主義というのは日本の利点でもあるのだ。とにかく安全側に、保守的に考えて対策を講ずるというのは日本の欠点かもしれない。だが、利点でもある。日本には日本の良さがある。というよりも、それが日本という国のありかたなのだ。必ずしもグローバルスタンダードが素晴らしいとは言えない。

日本では厳しいと思うのであれば海外で事業展開すればいいだけのことだ。アメリカや他国が向いている事業もあれば、日本が向いている企業や組織もあるだろう。アメリカが良いとか悪いとかではない。日本は日本のままでも良いんじゃないか。そう思うのである。

日本には確かに欠点も多い。あちこちにマルチスタンダードがあり、新しいものが好きな割には新技術や新しい考え方の導入には保守的だ。そのくせ外圧には弱い。個人の独立性や自己主張が弱く、日和見《ひよりみ》主義者が多い。協調性に富み規律を守るといえば聞こえはいいが、柔軟性に欠け、決断力がない。エトセトラエトセトラ。

だが、これが日本なのだ。物事には二面性がある。良くも悪くもそれが日本なのである。なんでもかんでも、よその国のやり方が良いわけではない。いろいろなやり方があって良いのではないか。

海外の国のやり方が良いと思うなら外に出てやればいいが、それもまたそれぞれである。国によって違う。国ごとに様々なやり方や価値観があるほうが、世界全体の多様性が維持される。そのほうが良い。

そもそも、日本だアメリカだヨーロッパだと、国や地方の単位で考える時代はもうすぐ終わるかもしれない。世界全体の流動性はどんどん高くなっていく。それだけは確実である。そのときに何にフォーカスして、何を選び、何を捨てるか。選択しなければならない。

もしかすると選択結果は間違っているかもしれないし、国単位で見れば没落するかもしれない。だが、人間社会全体に多様性があること、それ自体が素晴らしいのではないだろうか。市場主義のみならず何か一つの軸だけにこだわって、多様性を捨てる選択は間違っているような気がする。そんなことを思いながら私は本書を読んだ。

これから海外で「武者修行」しようと本書を手にとった方もいるだろう。すでに終えた方もいるかもしれない。何にしても、あなた方の未来に幸あらんことを。

（二〇一五年八月、サイエンスライター）

この作品は平成二十五年五月新潮社より刊行された。

日高敏隆著

春の数えかた

日本エッセイストクラブ賞受賞

生き物はどうやって春を知るのだろう。虫たちは三寒四温を計算して春を待っている。著名な動物行動学者の、発見に充ちたエッセイ。

日高敏隆著

人間はどこまで動物か

より良い子孫を残そうと、生き物たちは日々考えます。一見不思議に見える自然界の営みを、動物行動学者がユーモアたっぷりに解明。

日高敏隆著

ネコはどうして わがままか

生き物たちの動きは、不思議に満ちています。さて、イヌは忠実なのにネコはわがままなのはなぜ？ ネコにはネコの事情があるのです。

日高敏隆著

セミたちと温暖化

温暖化で虫たちの春は早くなった。が、光で季節を測る鳥たちの子育て時期は変らない。自然を見つめる目から生れた人気エッセイ。

春日真人著

100年の難問はなぜ解けたのか

—天才数学者の光と影—

難攻不落のポアンカレ予想を解きながら、「数学界のノーベル賞」も賞金100万ドルも辞退。失踪した天才の数奇な半生と超難問の謎。

矢野健太郎著

すばらしい数学者たち

ピタゴラス、ガロア、関孝和——。古今東西の数学者たちの奇想天外でユーモラスな素顔。エピソードを通して知る数学の魅力。

池谷裕二
糸井重里著

海馬
―脳は疲れない―

脳と記憶に関する、目からウロコの集中対談。「物忘れは老化のせいではない」「30歳から頭はよくなる」など、人間賛歌に満ちた一冊。

池谷裕二著

脳はなにかと言い訳する
―人は幸せになるようにできていた!?―

「脳」のしくみを知れば仕事や恋のストレスも氷解。「海馬」の研究者が身近な具体例で分りやすく解説した脳科学エッセイ決定版。

池谷裕二著

受験脳の作り方
―脳科学で考える効率的学習法―

脳は、記憶を忘れるようにできている。そのしくみを正しく理解して、受験に克とう！――気鋭の脳研究者が考える、最強学習法。

黒川伊保子著

恋愛脳
―男心と女心は、なぜこうもすれ違うのか―

男脳と女脳は感じ方が違う。それを理解すれば、恋の達人になれる。最先端の脳科学とAIの知識を駆使して探る男女の機微。

黒川伊保子著

夫婦脳
―夫心と妻心は、なぜこうも相容れないのか―

繰り返される夫婦のすれ違いは、男女の脳のしくみのせいだった！　脳科学とことばの研究者がパートナーたちへ贈る応援エッセイ。

黒川伊保子著

運がいいと言われる人の脳科学

幸運を手にした人は、自らの役割を「責務」ではなく「好きだから」と答える――脳と感性の研究者が説く、運がいい人生の極意。

植木理恵著

好かれる技術
—心理学が教える2分の法則—

第一印象は2分で決まる！　気鋭の心理学者が最新理論に基づいた印象術を伝授。合コンに、仕事に大活躍。これであなたも印象美人。

植木理恵著

シロクマのことだけは考えるな！
—人生が急にオモシロくなる心理術—

恋愛、仕事、あらゆるシチュエーションを気鋭の学者が分析。ベストの対処法を紹介します。現代人必読の心理学エッセイ。

茂木健一郎著

脳と仮想
小林秀雄賞受賞

「サンタさんていると思う？」見知らぬ少女の声をきっかけに、著者は「仮想」の謎に取り憑かれる。気鋭の脳科学者による画期的論考。

岩波明著

狂気という隣人
—精神科医の現場報告—

人口の約1％が統合失調症という事実。しかし、我々の眼にその実態が見えないのはなぜか。精神科医が描く壮絶な精神医療の現在。

岩波明著

狂気の偽装
—精神科医の臨床報告—

急増する「心の病」の患者たち。だが、彼らは本当に病気なのか？　マスコミが煽って広げた誤解の数々が精神医療を混乱に陥れている。

岩波明著

心に狂いが生じるとき
—精神科医の症例報告—

その狂いは、最初は小さなものだった……。アルコール依存やうつ病から統合失調症まで、精神疾患の「現実」と「現在」を現役医師が報告。

養老孟司著
かけがえのないもの
何事にも評価を求めるのはつまらない。何が起きるか分からないからこそ、人生は面白い。養老先生が一番言いたかったことを一冊に。

養老孟司著
養　老　訓
長生きすればいいってものではない。でも、年の取り甲斐は絶対にある。不機嫌な大人にならないための、笑って過ごす生き方の知恵。

養老孟司著
養老孟司特別講義
手入れという思想
手付かずの自然よりも手入れをした里山にこそ豊かな生命は宿る。子育てだって同じこと。名講演を精選し、渾身の日本人論を一冊に。

竹内一郎著
人は見た目が9割
「超」実践篇
会えば会うほど信頼が増す？　ミリオンセラーの著者が説く生活で役立つヒントの数々。こうすれば、あなたの〝見た目〟は磨かれる！

河合隼雄著
働きざかりの心理学
「働くこと＝生きること」働く人であれば誰しもが直面する人生の〝見えざる危機〟を心身両面から分析。繰り返し読みたい心のカルテ。

河合隼雄著
こころの処方箋
「耐える」だけが精神力ではない、「理解ある親」をもつ子はたまらない――など、疲弊した心に、真の勇気を起こし秘策を生みだす55章。

工《こう》学《がく》部《ぶ》ヒラノ教授《きょうじゅ》のアメリカ武《む》者《しゃ》修《しゅ》行《ぎょう》

新潮文庫　こ－57－3

平成二十七年十一月一日発行

著者　今《こん》野《の》浩《ひろし》

発行者　佐藤隆信

発行所　株式会社　新潮社

郵便番号　一六二―八七一一
東京都新宿区矢来町七一
電話　編集部(〇三)三二六六―五四四〇
読者係(〇三)三二六六―五一一一
http://www.shinchosha.co.jp

価格はカバーに表示してあります。

印刷・二光印刷株式会社　製本・憲専堂製本株式会社

ISBN978-4-10-125163-9 C0195